Karlheinz Hackl

Meine zwei Leben

Ein ziemliches Theater

Aufgezeichnet von
Andrea Fehringer & Thomas Köpf

UEBERREUTER

ISBN 978-3-8000-7395-5

Covergestaltung: Ursula Kothgasser, www.koco.at
Coverfoto: Erich Reissmann

Gedruckt in Österreich auf Salzer Papier
7 6 5 4 3 2 1

Ueberreuter im Internet: www.ueberreuter.at

Es wird gegeben die Premiere:

Karlheinz Hackl – Meine zwei Leben

Eine Geschichte in drei Aufzügen

Es liest: Karlheinz Hackl

Es spielt: Karlheinz Hackl

Es singt: Karlheinz Hackl

Die Tür geht wie von selbst auf.

»Bitte, die Herrschaften«, sagt der Mann in dunkelroter Livree, »treten Sie ein, kommen Sie weiter, hier geht's zur Garderobe, und dort drüben, die Treppe hinauf, ist das Buffet. Sie haben ja noch Zeit.«

Es hat schon bessere Zeiten gesehen, das Theater. Die steinernen Säulen sind leicht speckig von den vielen Händen, die sich im Vorbeigehen schon daran angehalten haben. Der Marmorboden ist von müdem Matt. Die roten Samtvorhänge erinnern an ein abgewetztes Puff und lassen die Kordeln hängen. Aber es hat noch seinen Stolz, das Haus, es war einmal das erste am Platz.

Das Entree füllt sich langsam. Herren mit leichtem Grau an den Schläfen helfen Damen mit zu viel Schmuck an den Hälsen über die Stiegen in den ersten Stock. Am Buffet bildet sich eine kleine Schlange. Bouquets von Menschen lehnen an den Stehtischen. Der Sekt perlt so vor sich hin.

Erstes Läuten.

Niemand reagiert. Man ist beschäftigt, hauptsächlich mit sich. Man redet, vorwiegend über sich. Man ist angetan, größtenteils von sich. Dezente Langeweile schwebt im Raum. In der Vitrine schwitzen lachsfarbene Kanapees, die Ränder des Schinkens ringeln sich einem älteren Gurkerl entgegen.

»Hast schon gehört?«, fragt eine Kokette, »unser Regierungsrat hat nur mehr eine Niere.«

»Ja. Dafür hat seine Frau einen zweiten Liebhaber.« Die Brünette nimmt einen Schluck Sekt.

»Soll auch schon wieder kriseln«, meldet sich eine Adrette, die bis jetzt ruhig war, »er liebäugelt mit ihrer Tochter.«

»Die ist fünfzehn«, mischt sich eine ganz Nette vom Nebentisch ein, »die schaut nur aus wie nach zwei Scheidungen.«

Zweites Läuten.

Ein paar Theaterbesucher bestellen noch eine Flöte Sekt. Ein paar Damen gehen sich rasch die Nase pudern. Ein paar andere waren schon und rauschen zurück durch den Salon, eskortiert von einer Wolke schweren Parfums. Einen Korpulenten dürstet es nach einem Pfiff. Jemand blättert in einem Programmheft.

»Erstaunlich, dass der wieder so viel macht, der Hackl. Der war ja praktisch tot. Niemand hat geglaubt, dass er sich nach so einer Krankheit noch einmal erfangt.«

»Was hat er gehabt? Krebs, oder?«, fragt seine Begleiterin.

»Ja, einen Gehirntumor.«

»Dass man sich da überhaupt noch einen Text merkt.«

»Das meiste liest er eh.«

Drittes Läuten.

»Komm, trink aus, wir gehn rein.«

Im Zuschauerraum drängen sich die Leute rechts und links im Parkett. Sie kramen die Karten hervor, suchen die richtige Reihe, und immer sitzen schon die mit den Randplätzen als Erste. Erlauben? Ein Billeteur hält Ordnung. Mit Verlaub, Gnädigste, Sie müssen nach hinten. Nein, mein Herr, das stimmt schon, niemand sitzt falsch, sehen Sie, hier steht Rang, Sie gehören dort hinauf.

Der Saal hat immer noch etwas Erhabenes. Bitte, die Fresken an der Decke sehen noch etwas blasser aus als die Gipsbüsten der Theaterlegenden, die hier einmal gespielt haben. Vom pompösen Kristallluster in der Mitte schimmert der Glanz von früher kaum noch durch. Die bordellroten Polster der Sitze sind ein bisschen durchgesessen. Alles ist bemerkenswert heruntergekommen und doch von eleganter Unvergänglichkeit. Das Gemurmel verstummt, der Luster hebt sich, das Licht geht aus. Und in der Dunkelheit erstrahlt die Magie des Moments. Das ist Theater.

Eine Stimme aus der Wand:

Sehr verehrtes Publikum, wir ersuchen Sie höflichst, Ihre Mobiltelefone für die Dauer des Schauspiels abzuschalten.

Erster Aufzug

(Karlheinz Hackl erscheint. Auftrittsapplaus. Er geht zu einem einfachen Holztisch in der Mitte der Bühne und setzt sich auf den Sessel. Die Kulisse ist karg. Auf dem Tisch stehen eine Leselampe mit einem grünen Schirm, ein Mikrofon, eine Karaffe Wasser und ein Glas, alles beleuchtet von einem einzigen Scheinwerfer. Hinter ihm ist es dunkel. Zwei Bücher liegen vor ihm. Hackl nimmt einen Schluck Wasser, zieht eines der Bücher zu sich her, schlägt es auf und schaut ins Publikum.)

»Wissen Sie, ich spiel nicht mehr so gern Theater.«

(Er macht eine Pause, als würde er gern verdrängen, wo er ist. Aha, denken die Zuschauer.)

»Also, verstehen Sie mich jetzt nicht falsch. Ich steh schon gern auf der Bühne. Aber ich spiel nicht mehr so gerne Rollen. Heute Abend ist das was anderes. Das hier ist kein Stück, es ist mehr eine Lesung. Und es ist keine Rolle, es ist nur mein Leben. Eigentlich sind es meine zwei Leben.

Das hier ...«

(Er deutet auf das Buch links vor ihm.)

»... bin ich als Gesunder. So wie ich vor meiner Krankheit war und wie ich jetzt wieder bin. Hier steht, was ich erlebt habe, privat und als Schauspieler.

Und das hier ...«

(Er deutet auf das Buch rechts vor ihm.)

»... ist der kranke Hackl. Der mit dem Tumor im Kopf. Der mit dem Todesurteil im Hirn. Und der, der den Krebs besiegt hat. So, dass ich überhaupt wieder da sitzen kann vor einem Publikum. Vor Ihnen.

Ich hab mir halt gedacht, dass dieses Beispiel was auslösen würde in den Menschen. Dass man sagt, es hat einen Sinn, weiterzumachen. Auch für die Verwandten. Wenn ein Mensch krank ist, werden ja viele Leute krank. Das muss ja irgendeinen Sinn haben, ein Ziel. Sonst bricht schreckliche Hoffnungslosigkeit aus.

Meine zwei Leben sollen Mut machen. Wenn einer geschafft hat, das zu überleben, können das auch andere schaffen.

Wir leben in einer Gesellschaft, in der einer, der krank ist oder krank war, einen Stempel aufgedrückt kriegt. Er ist punziert. Ich weiß das von mir. Man wird diskriminiert wegen der Krankheit. Sozusagen: Der bringt's nicht mehr, mit dem kannst nicht mehr rechnen, der ist nimmer mehr das, was er war.

Und man zweifelt ohnehin so oft an sich, auch wenn man gesund ist. Ich kenne dieses Zweifeln. Bei mir war das immer besonders stark. Ich habe mir nie leichtgetan, mich selber richtig zu beurteilen. Die eigene Einschätzung als Schauspieler hat mir großteils gefehlt. Wo andere gesagt haben: Das war großartig, hab ich mir gedacht: um Gottes willen. Ich habe sie irgendwann zur Kenntnis genommen, diese falsche Einschätzung. Die Johanna Matz hat einmal über mich gesagt: Der Hackl ist ein Schnitzler-Schauspieler, weil er ist so ein Feiner. Ab da war ich ein Schnitzler-Typ und hab mich in dem Genre nie zu Hause gefühlt. Nie. Das ist komisch.

Wahrscheinlich hat mir geholfen, dass ich eitel bin. Das ist auch komisch. Ich wirke eitel, tu so, als ob ich gar nicht eitel wäre, und bin noch viel eitler, als man glaubt. François de La Rochefoucauld hat einmal gesagt: Die schlimmste Form der Eitelkeit ist die Bescheidenheit. Der muss mich gekannt haben.

Ich schau mir zum Beispiel nichts an von mir, keine Theateraufzeichnungen, keine Filme. Allerdings muss ich zugeben, ich mache das vorwiegend aus Angst. Wenn ich es mir antue, dann erst Jahre nachdem ich es gespielt habe. Und eigentlich auch nur, weil ich es den Kindern zeigen wollte. Dann hab ich's halt gesehen. Aber nie unmittelbar nach der Arbeit.

Das hat mir der Axel Corti beigebracht. Bei meinem ersten Film, *Der junge Freud,* hat er Regie geführt, und ich hab mir immer die Szenen vom Tag angeschaut, wie man das eben so macht am Abend. Und daraufhin hab ich mich offensichtlich beim Drehen verändert. Das heißt, ich hab am nächsten Tag anders gespielt. Der Corti hat das bemerkt und gesagt: Schau dir nie Muster an. Und hat's mir verboten. Ab dem Zeitpunkt hab ich es unterlassen. Es nützt ja auch nichts, du lernst nichts daraus. Vor allem, wenn du eitel bist. Dann schaust du am Partner vorbei und spielst nur zur Kamera hin, damit man deine Schokoladenseite sieht. Es gab schon eine Zeit, wo ich auch so ein komisches Gesicht gemacht hab.«

(Karlheinz Hackls Miene verändert sich. Eine Augenbraue lässt er in die Stirn rutschen, die Hälfte des Mundes lächeln.)

»Normalerweise hat das was Ironisches. Bei mir schaut das traurig aus. Bei mir schaut alles immer traurig aus. Mein Vater hat schon so eine Art gehabt, so was intensiv Verzweifeltes. Das habe ich auch. Wenn ich nur mit wem telefoniere und sage, ich hab mir das Kreuz verrissen, glauben die Leute, ich will mich umbringen. Hat mich gestern erst wieder meine Tochter aufmerksam gemacht: Es klingt alles immer so fürchterlich bei dir, wie wenn alles aus wär.

Und es stimmt, ich bin ein Pessimist. Ich nehme grundsätzlich das Schlechte an und dass alles schiefgeht. Und ja, ich bin ein trauriger Mensch. Komischerweise traurig. Denn genau diese Traurigkeit wirkt komisch. Dieser Kontrast bringt Menschen zum Lachen. Man geht auf der Straße, rutscht auf einer Bananenschale aus, macht eine depperte Figur und die Leute lachen darüber. Dann fliegst du nieder, brichst dir das Kreuz und die Leute lachen nicht mehr.

Das ist es, was wir wollen, wir Schauspieler. Dass die Menschen plötzlich innehalten. Der Buster Keaton hat sie aus dem Effeff beherrscht, diese ernsthafte Komik. Der Otto Schenk macht das auch. Männer machen das überhaupt mehr als Frauen. Sie sind nicht nur traurig, sie sind zerrissen.

Und eifersüchtig. Also ich bin sehr eifersüchtig, ich war's immer. Bei meiner ersten Frau, der Brigitta Furgler, auch eine Schauspielerin, hab ich geglaubt, sie hat ein Verhältnis mit dem André Heller, nur weil sie ab und zu mit ihm im Kaffeehaus war, im Hawelka. Mir war das ganz klar: Wenn sie ins Hawelka geht, dann wird sie auch. Dann tut sie sicher. Der Heller hat auch so einen Ruf gehabt. So Bob Dylan, ein bissel, Schnitzler und gescheit, na ja.

Schrecklich, diese Eifersucht. Weil Kuschler bin ich ja keiner. Nicht einmal früher, bei meiner Mutter, wenn sie mich so getätschelt hat. Das hab ich nie wollen. Ich brauche diese Zärtlichkeiten nicht im normalen Leben. Ich bin eigentlich ein Seelenstrizzi.«

(Es hat eine Zeit gegeben, da wollte Karlheinz Hackl Zuhälter werden. Während seines Wirtschaftsstudiums, als er sich sein Geld als Kellner verdiente, lernte er so einige sinistre Herren kennen, die ihm rieten, sich doch auch für dieses Geschäft zu erwärmen. Irgendwie hat's ihn interessiert, wie der Beruf funktioniert. Er hat gelernt: Es hat mit Brutalität und Gefühlen zu tun, man schlägt jemanden und benutzt ihn, um Abhängigkeit zu erzeugen. Ausgeübt hat er's nie, das Gewerbe.)

»Ich bin ja nobel geboren, in Wien-Döbling, im sogenannten Cottage-Viertel. Ich bin in der Nacht vom 16. Mai auf die Welt gekommen, zehn nach zehn, und unmittelbar nach der Geburt sind wir in den fünften Bezirk, nach Margareten, gezogen. Zuerst in die Kohlgasse in eine Altbauwohnung und gleich darauf in den Theodor-Körner-Hof. Ich bin im Gemeindebau aufgewachsen.

Meine Eltern haben nie eine gute Ehe geführt. Schon allein deshalb, weil sie aus so verschiedenen politischen Lagern kommen. Mein Vater stammt aus einer sozialistischen Familie und meine Mutter aus dem Gegenteil, aus der rechten, bürgerlichen Ecke, ihre Eltern hatten ein Milchgeschäft im achten Bezirk.

Jetzt haben sich die zwei also ideologisch schon nicht vertragen. Was da gestritten worden ist damals wegen der Politik, so was gibt's heute nicht mehr. Die Eltern meiner Mutter sind irgendwann nicht einmal mehr zu Weihnachten gekommen, nur die vom Vater. Und ich war mitten drinnen und wurde beschenkt. Klingelingeling, das Christkind ist da, ich hab's eh nie geglaubt.

Scheiden lassen haben sie sich aber auch nicht, man ist nicht so schnell auseinandergegangen in der Zeit. Sie haben immer gesagt: Wenn der Bub siebzehn ist, dann geht's. Aber das hat's praktisch schon geheißen, kaum dass ich auf der Welt war. Zwischendurch gab es einen

Versöhnungsversuch, wo mein Vater gesagt hat: Eigentlich lieb ich sie doch. Und dann haben sie noch siebzehn Jahre gestritten. Körperlich nie, das muss man sagen, immer nur mit Worten. Wenn mein Vater aggressiv geworden ist, hat er einen Gegenstand verbogen, meine Mutter hat die Nerven weggeschmissen und um sich geschlagen. Bis sie verstummt ist, irgendwann.

Es war immer eine Spannung daheim. Was mich so fertig gemacht hat, war, dass ich Partei ergreifen musste, das habe ich natürlich mitgeschleppt. Ich war der Schiedsrichter. Mein Vater hat gesagt: Sag deiner Mutter, dass das ein Fehler war, sag's ihr. Und das hab ich gemacht, ich geb's zu, damit ich eine Ruhe gehabt hab. Ich habe dem Stärkeren recht gegeben, aus Angst vor ihm. Einmal habe ich ihm gestanden, dass ich mich vor ihm fürchte, aber er hat es gar nicht begriffen. Wieso, hat er gesagt, ich kann doch mit allen jungen Leuten. Meiner Mutter gegenüber habe ich mir mehr erlaubt. Diese typischen Sachen als Jugendlicher, jetzt bring ich mich um mit dem Messer und so was.«

(Karlheinz Hackl war ein Einzelkind. Dass er eine Halbschwester namens Silvia hatte, wusste er nicht. Seine Mutter übrigens auch nicht.)

»Auf einmal ist sie dagestanden vor unserer Tür. Sie war sechzehn, fünf Jahre älter als ich, und wuchs bis dahin bei ihrer Mutter auf. Wir hatten keine Ahnung, dass es sie gibt. Das war irgendein Verhältnis von meinem Vater aus dem Krieg. Meine Mutter war einverstanden, sie aufzunehmen, weil sie nun einmal das Kind von ihrem Mann war. Lang hat sie eh nicht bei uns gewohnt. Mit siebzehn hat sie einen Mann kennengelernt und ist drei oder vier

Tage nicht heimgekommen. Da hat meine Mutter gesagt, sie kann die Verantwortung nicht mehr übernehmen. Die Silvia ist wieder zu ihrer Mutter zurückgegangen und ausgewandert nach Kanada.

Für mich war das super. Sie hat mir Briefe geschrieben wie die Tante aus Amerika. Von ihrem Freund dort, einem Fernsehsprecher, der ihr die Ehe versprochen und dann eine andere geheiratet hat. Irgendwann sind die Briefe ausgeblieben. Dass sie sich umgebracht hat, erfuhr ich erst von meinem Vater. Am Meidlinger Friedhof, wo wir immer hingegangen sind am Allerheiligentag zu allen Verwandten, die ich nie gekannt hab. Und dort sagt er plötzlich: Jetzt gehen wir zum Grab von der Silvia, die hat Schlafmittel genommen. Man hat sie überführt von Kanada und in ein Armengrab gelegt, mit einem Holzkreuz. Da hab ich ihn gehasst, meinen Vater, weil er mir das verheimlicht hat.

Er hat mir eigentlich alles verheimlicht. Von seinen Freundinnen hab ich erst gewusst, wie ich Dokumente gefunden hab. Und Tonbänder. Auf denen mein Vater drauf war mit irgendeiner Frau. Er hat ein Gespräch aufgenommen, die Stimme der Frau war mir fremd, die habe ich nicht erkannt. Ich hab mir das im Auto angehört nach seinem Tod. Das war gespenstisch.

Von den Beziehungen meiner Mutter hab ich schon gewusst, waren ja nur zwei große. Mein Vater und ein Verhältnis. Mein Gott, wenn man eine Josefsehe führt, acht, neun Jahre ohne sexuellen Kontakt, dann verliebt man sich halt. In ihrem Fall in einen Arzt, der war auch verheiratet, mit seiner Sprechstundenhilfe. Er hat getrunken und geschwitzt und Medikamente genommen und leider auch meine Mutter dazu gebracht, Ärztemuster auszuprobieren, eine tödliche Mischung aus Medikamenten und Alkohol. Sie hat ihn sehr geliebt.

Ich weiß nicht, ob mein Vater davon gewusst hat. Irgendwann wahrscheinlich schon, aber es war ihm wurscht. Privatgeschichten waren ihm immer wurscht. Ich glaube schon, dass meine Mutter verzweifelt war und den Alkohol und die Medikamente genommen hat, weil sie das alles nicht ausgehalten hat, und letztlich daran gestorben ist. Aber meinem Vater zu sagen, du hast meine Mutter umgebracht, hab ich nicht können.

Sie müssen wissen, er hat sehr für sich gelebt, praktisch alleine. Er war ein Einzelgänger, hat weder mit meiner Mutter leben können noch mit seiner zweiten Frau. Ich glaube, er hätte nie heiraten sollen. Aber er wollte halt bedient werden. Über seine zweite Frau hat er mir einmal gesagt: Sie hat mir ein Mineralwasser geholt, sie ist also brauchbar. Brauchbar. Da hab ich ihn rausgehaut und er war ganz empört. Er hat auch so eine Kriegsterminologie gehabt. Marschier, hat er gern gesagt, jetzt kannst marschieren.

Er war ein gescheiter Mensch, das muss man ihm lassen. Eine große Persönlichkeit. Und ehrgeizig. Zuerst Berufsschullehrer und Disponent beim Konsum, dann ist er zum Spar gegangen und Vertriebsleiter geworden. Ein ganz großartiger offenbar, das hab ich auch erst gemerkt bei seinem Begräbnis. Da waren alle da und haben von ihm geredet wie von einem Heiligen. Man hat mir kondoliert und gesagt, was für ein gutes Verhältnis wir gehabt haben. Alle haben ihn geschätzt, nur ich habe nie zu ihm gefunden.

Er hat mich sicher gerngehabt, aber ich habe ihm das nie

zurückgeben können, aus lauter Angst. Man sieht das auf Fotos. Er stattlich, neben seinem Auto, und irgendwo vorne der verkrampfte Bub. Wir waren nie Vater und Sohn, wie das die anderen gesehen haben. Das hat mir später aber sogar geholfen, als er gestorben ist. Dass ich gefühlsmäßig keinen Zugang gehabt habe zu ihm. Ich weiß noch, wie er immer gesagt hat: Du bist eben kein Gefühlsmensch, ich bin schon einer.«

(Karlheinz Hackl wirkt nicht, als wäre er kein Gefühlsmensch. Im Gegenteil. So wie alles, was er sagt, wie eine Todesnachricht klingt, scheint es, als nähme er alles, was er hört, als Hiobsbotschaft. Zum Schutz hat er eine unsichtbare Wand zwischen sich und die anderen gestellt.)

»Bei meiner Mutter war das anders. Mit ihr hab ich mich auf ein Packel gehaut. Offensichtlich hab ich sie lieber gehabt als ihn. Ich hab sie nicht so großartig behandelt, muss ich sagen, und im Nachhinein, wie sie dann tot war, hat es mich doch ziemlich erwischt, dass ich kein so toller Sohn war. Meine Mutter war ein schwacher Mensch, das hat mich an ihr gestört. Wahrscheinlich hat das auch mein Frauenbild beeinflusst: Wenn eine Frau ganz schwach ist, geht sie mir auf die Nerven, das muss ich zugeben. Man wird schon sehr geprägt von den Eltern.

Die zweite Frau meines Vaters war extrem schwach. Sie hat ihn natürlich auch bedienen müssen, aber sie hat eine Netzhauterkrankung gehabt und war gut zehn Jahre ihres Lebens fast blind. Mein Vater hat das nie geglaubt und für eine Ausrede gehalten. Sie simuliert, hat er gesagt und verlangt, dass sie ihm was kocht und die Hemden bügelt.

Mit ihr war er übrigens schon einmal verlobt, bevor er

meine Mutter kennengelernt hat. Zwei Jahre nach der Scheidung von meiner Mutter hat er mich gefragt, ob ich mit dieser Frau reden könnte, weil er sie heiraten will. Bin ich halt nach Rohr am Gebirge gefahren und hab ich mit ihr gesprochen. So als Heiratsvermittler.

Und das Furchtbare war: Die hat eine Tochter gehabt. Aus ihrer ersten Ehe mit einem Tischler, den sie aus Trotz geheiratet hatte, weil sie meinen Vater nicht bekommen konnte. Und ich seh die Tochter, die ein Jahr jünger war als ich, und hab mich verliebt in sie. War aber nix, ich bin nur spazieren gegangen mit ihr. Irgendwann hat sie ihrer Mutter erzählt, dass ich ihr Avancen mache, und die wiederum hat geglaubt, ich benutz sie nur und erzähl ihr, dass mein Vater sie heiraten will, weil ich auf die Tochter steh. Situationen gibt's im Leben.

Gebraucht hätte mich mein Vater ja nicht als Brautwerber. Er war ein sehr fescher Mann, ein sportlicher, athletischer Typ, gut durchtrainiert. Obwohl er ein verkümmertes, linkes Bein gehabt hat. Er hat nie eine Schiene getragen oder einen orthopädischen Schuh und deshalb hat er auch in der Hüfte Probleme gekriegt und im Alter gar nicht mehr gehen können.

Mir hat er immer erzählt, es sei eine Splitterverletzung aus dem Krieg, aber es war ein Geburtsfehler. Er hat's wohl selber geglaubt und sich angelogen. Schließlich bist du ja nix gewesen im Krieg, wenn du behindert warst. Deswegen hat seine Mutter ihm auch die Schienen weggenommen, wie er fünf war, und gesagt: Und jetzt geh. Und er ist gegangen. Obwohl er sie sehr verehrt hat, hat er ihr das immer vorgeworfen, irgendwie. Das könnte bestimmend gewesen sein in seiner Haltung Frauen gegenüber.

Nach seinem Tod hab ich seine Sachen geordnet und alles Mögliche entdeckt, wovon ich keine Ahnung hatte. Schränke voll Medikamente, offensichtlich hat er mit dem Herz zu tun gehabt. Und Waffen. Zwei Pistolen aus dem Krieg, er war Leutnant damals. Wehrmachtsstiefel hab ich auch gefunden, eng bis da rauf. Ich kann mich dunkel erinnern, dass ich die angehabt hab als Kind. Er hat alles gesammelt, Abzeichen, Orden, Hakenkreuze. Fotos von ihm in Uniform. Und von mir in Uniform, beim Bundesheer. Er hat Diplome aufgehoben. Ehrungen waren für ihn sehr wichtig. Nicht nur vom Krieg. Es gab haufenweise Bilder von ihm, wie er am Schreibtisch sitzt oder mit Mitarbeitern. Titel, die er verliehen bekommen hat. Er hat so Wert gelegt, dass da steht: Direktor. Dabei hätte er das gar nicht nötig gehabt. Er war eine Respektsperson.«

(Karlheinz Hackl war siebzehn, als sich seine Eltern scheiden ließen, so wie sie es prophezeit hatten. Eine Zeit lang wohnte er noch bei der Mutter im fünften Bezirk. Seinen Vater besuchte er jedes Wochenende.)

»Nach der Scheidung wollte er immer, dass ich mit ihm in die Sauna gehe. Um halb sieben in der Früh. Jeden Sonntag. Damals hab ich aber meistens kellneriert am Samstag. Ich bin um drei oder vier in der Nacht heimgekommen und um halb sieben musste ich in Floridsdorf in der Sauna sein. Das haben sich meine Eltern so aufgeteilt, weil das Kind hat ein Recht darauf, seinen Vater zu sehen. Also bin ich in die Sauna gefahren, von Margareten, es war finster, ich hab noch fast geschlafen. Und in der Sauna hab ich geglaubt, mich trifft der Schlag.

Da sitzen die unförmigsten Leute drinnen und erzählen furchtbare Witze. Und man hat nicht weg können, weil da einer zum Wacheln angefangen hat, und wenn du raus wolltest, haben sie dich gefragt, ob du deppert bist. Also bin ich sitzen geblieben, zehn Minuten, und dann ins kalte Becken, wo es auch dreckig war. Danach sind wir zur Großmutter essen gefahren und dann durfte ich nach Hause. Das war jedes Wochenende so, auch wie ich schon verheiratet war.«

(Karlheinz Hackl wischt sich den Schweiß von der Stirn.)

»Ich hab eigentlich nie gewusst, dass mein Vater mich bewundert hat. Das habe ich erst nach seinem Tod begriffen. Wie ich die Mappen mit den Zeitungsausschnitten gefunden habe. Kritiken, dreißig Jahre her, Interviews, von denen ich gar nichts mehr wusste. Und alle Bilder vom Theater, wie in einem Museum. Da war ein Foto dabei, wie mir der damalige Bundespräsident Thomas Klestil den Titel als ordentlicher Hochschulprofessor am Reinhardt-Seminar verliehen hat. Der Klestil gibt meinem Vater die Hand, und der schaut ihn an, wie wenn er mit Christus reden würde. Auch das Burgtheater war was für ihn. Im Gegensatz zum Volkstheater, was ihm gar nix wert war. Ich war ja nie stolz auf mich. Er schon, aber er hat es mir nie gesagt. Er hat immer nur verlangt von mir.

Und ich habe ihn immer getäuscht. Schon in der Schule. Betragen war sehr wichtig damals. Ein Gut war eine Katastrophe, für meinen Vater überhaupt. Ein Befriedigend war schwer erziehbar. Ich hatte ein paar Mal ein Gut und habe ein Sehr davor gemacht, was ja eigentlich Dokumentenfälschung ist. Wochenlang bin ich gesessen und habe die Schrift kopiert und das Zeugnis gefälscht für meinen Vater, und er hat das gefressen.

Bei den Zeugnissen habe ich einfach eins im Jahr ausgelassen. Wir hatten Trimester, also dreimal Zeugnis in einem Jahrgang, aber ich habe ihm erzählt, wir haben Semester, und ihm nur zwei gezeigt. Die waren schrecklich genug, aber einen von drei Wickeln hab ich mir wenigstens erspart. Ich bin ja in allem durchgefallen, überall, sogar in Naturgeschichte. Ich habe einfach irgendwann aufgehört zu lernen. Ich war immer ein sehr schlechter Schüler. In der Volksschule, in der Mittelschule, auch auf der Hochschule war ich keine Leuchte.

Weil ich schon als Kind so arrogant gewirkt habe, hat man mich von Anfang an für was anderes gehalten. Es war mir nicht unangenehm, ich habe mich dran gewöhnt. Gescheit, aber faul, hat es immer geheißen. Ich habe es mir gern leicht gemacht. Du lernst die Fragen auswendig, hab ich mir gedacht, dann weißt du genau, was der prüft. Aber das eigentliche Wissen, muss ich ehrlich sagen, das hat mich nie interessiert.

Meine Mutter hat das alles abgefangen vor meinem Vater. Schön angezogen und hergerichtet ist sie in die Schule gegangen zum Sprechtag und hat meinen Klassenvorstand bezirzt. Wenn ich angekündigt habe, es kommt wieder eine Schularbeit, hat sie gesagt: Dann wirst eben krank, bist halt heiser. Und dann hat sie mich zum Arzt geschickt, der hat mir einen Nasenrammel rausgezogen und ein Attest ausgestellt. Heiser.

Natürlich habe ich dann auch so geredet in der Schule, ein halbes Jahr lang war ich heiser. Auf die Art hab ich mir alle Schularbeiten erspart, nur gelernt hab ich auch nix in der Zeit. So lange, bis ich in allen Gegenständen durchgefallen bin und die Klasse wiederholen musste. Das war in der Achten. Maturaklasse. Was an sich selten ist, dass man dort durchfällt. Ich bin einer der wenigen, der zwei Maturaklassen erlebt hat. Und zwei Maturafeiern.

Meine Mutter und ich, wir waren uns nicht unähnlich. Wie wir da gemeinsam den Vater beschissen haben. Auf dem Gebiet haben wir eine große Beziehung gehabt zueinander. Vielleicht hat das ja schon viel früher angefangen. In Alpl, da war ich öfter mit ihr auf Urlaub. Dort habe ich auch Skifahren gelernt, mit fünf. Mein Vater ist manchmal nachgekommen, aber nicht oft. Meine Mutter hat das Steirische so gern gehabt. Lederhosen. Ziehharmonika. Alpenblumen.

Ich hab mich dann irgendwann mehr für die Almdiskothek interessiert. Dort ist ein Wurlitzer gestanden. Adamo war ganz modern, wie ich achtzehn war. *Du bist wie die Liebe,* ich weiß es noch genau. Und natürlich hab ich mich verliebt. In die Kellnerin, die zur Wirtsfamilie gehört hat. Ich habe mich gerade das erste Mal auf die Matura vorbereitet, und weil ich in Zeichnen antreten wollte, bin ich schon beim Frühstück mit dem Block unten gesessen und hab sie skizziert, wie sie angerichtet hat. Sie hat nicht reagiert.

Fordere sie zum Tanzen auf, hat meine Mutter geraten. Sie hat ja gewusst, ich kann tanzen. Ich war nie in der Tanzschule, aber mit ihr hab ich gern getanzt. Daheim oder in Tanzlokalen hat sie dann gesagt: Komm, tanzen wir ein bissel. Moderne Sachen nie, das hab ich auch nicht so gekonnt. Aber langsamer Walzer, Slowfox und so, das war genau ihres. Sie war eine besonders gute Tänzerin, mit anderen konnte ich das gar nicht. Und sie hat mich immer geführt.

Also bin ich in die Diskothek gegangen und hab mich dort

aufgebaut vor dem Tisch, wo meine Kellnerin gesessen ist zwischen lauter Skilehrern. Ich im Anzug und so. Darf ich bitten?, hab ich gefragt. Was will denn der?, haben die gelacht. Na gut, dann tanze ich halt zwei-, dreimal mit ihm, hat sie gesagt. Aber dann hat sie noch ein Glas Sekt getrunken mit mir. War ich verliebt. Kurz danach hab ich wegmüssen, zu meinem Vater, weil die Eltern ja schon geschieden waren.

Mit dem Postbus bin ich von Alpl nach Rohr am Gebirge gefahren und hab dort einen Liebeskummermonat gehabt, das kann man sich nicht vorstellen. Und das wegen einer, mit der gar nix war. Irgendwann hab ich die Besitzerin des Almlokals wiedergesehen, und sie hat mir erzählt, meine Flamme hat sich verlobt mit einem Skilehrer, also zumindest im Winter, im Sommer ist er Tennislehrer. Das war schon ein bissel eine andere Welt.«

(Karlheinz Hackl tänzelte von einer Umgebung, die nicht seine war, in die nächste. Seine einzige Chance war, sich anzupassen. Er war gesellig, aber er gab nichts von sich her. Er zog sich in sich zurück. Das war das Geheimnis, wie er trotzdem er selber bleiben konnte.)

»Ich hab so ein chamäleonhaftes Leben geführt, irgendwie wie meine Mutter auch, deswegen bin ich auch oft falsch eingestuft worden. Damals, die Skilehrer, müssen sich schon was gedacht haben. Dabei haben die mich nur im Anzug gesehen. Wenn die gewusst hätten.

Zum Beispiel hab ich mich schon früh bei Maskenbällen als Frau verkleidet. Meine Mutter hat mich auch immer so hergerichtet. Bitte, ich war nie homosexuell, aber ich hab diese Kostüme immer gern angezogen, das ging so schnell.

Und noch früher, als Kind, hab ich mir immer vorgestellt, ich geh eine Showtreppe hinunter. Von meiner Mutter hab ich mir, das gab's früher, einen Stopfstrumpf aus dem Nähkasterl geholt und den als fiktives Mikrofon herumgetragen. Dabei hab ich mir eingebildet, ich bin Dean Martin. Sammy Davis nicht, und der Sinatra, der war mir zu schwer. Das hab ich erst später kapiert, was das für ein großartiger Sänger war. Der Dean Martin hat mir damals am meisten gefallen: ohne zu arbeiten lustig sein, ein Glas in der Hand und gut singen können, am Klavier spielen, so ein bissel Charme, das hat mir imponiert.

Was nicht heißt, dass ich sehr musikalisch war. Ich kann kein Instrument, ich kann gar nix. Ein bisschen habe ich herumgezupft, *Cindy, oh Cindy* auf der Gitarre, da gab's so eine eigene Peter-Kraus-Gitarre. Aber das hab ich dann auch gelassen, das war blöd. Mir sind die Instrumente ein Rätsel. Und ich kann keine Noten lesen. Deswegen hab ich auch das Konservatorium sein lassen, obwohl ich eine ganz gute Operettenstimme hatte. Aber da hätte ich Notenlesen lernen müssen, und außerdem war ich zu faul. Das größte Hobby war sowieso Fußball.

Wir haben überall gespielt, im Park in Wien und den ganzen Sommer bei Inzersdorf am Steinsee. Dort haben wir ein Häuschen gehabt. Kleingartenverein. Fünf Monate im Jahr haben wir dort gewohnt. Heute bin ich wieder öfter draußen und kümmere mich um das Haus, es wird renoviert für meine Tochter.

Am Anfang haben wir keinen Strom gehabt und keinen Kanal. Aber es gab Strandfestln und schwimmen hat man können und fischen. Die Russen haben im Krieg Handgranaten in den See geschmissen, durch die Explosion hat es den Fischen die Lungen zerrissen, sie sind tot oben geschwommen und man konnte sie einfach einsammeln. Es war ein kleines Paradies mitten in Wien. Für meinen Vater offenbar auch. Der hat sich dort einmal zurückgezogen, da war ich grad auf der Welt. Meine Mutter wollte in die Hütte hinein, er hat sie aber nicht und nicht gelassen. Furchtbare Geschichte. Aber gut, davon habe ich nichts mitgekriegt. Woran ich mich erinnere ist, dass mich mein Vater dort ins Wasser geschmissen hat, damit ich schwimmen lerne. Ich bin dort sehr geprägt worden.

Ich hatte einen eigenen Freundeskreis da draußen. Einen in Wien, die hab ich alle im Sommer nicht gesehen, und einen am Steinsee, die hab ich im Winter nicht gesehen. In der Wiener Clique ist es eher darum gegangen, sich zu messen. Einer war mein spezieller Feind. Wir haben uns aber nie direkt duelliert. Er hat einen gehabt, der sich für ihn geschlagen hat, und ich habe einen gehabt, der sich für mich geschlagen hat. Und die zwei haben sich dann in die Goschen gehaut, so stellvertretend.

Aber die Inzersdorfer, die waren lustige Typen, mit einem trockenen Schmäh aus der tiefsten Lade. Nicht gerade intellektuell, das kann man nicht sagen, da ist man schon aufgefallen, wenn man intellektuell war. Aber beim Fußballspielen war's wurscht. Und ich hab ja gut gespielt. Auch im Verein, bei der Vienna. Bis zu den Junioren. Wegen der Schule hab ich aufgehört. Weil ich immer mehr nachgelassen hab und keine Zeit war. Es war ja ein weiter Weg nach Döbling zur Vienna. Mit der Stadtbahn bis nach Heiligenstadt, und dann von dort raufgehen. Aber wir haben den Sepp Pecanka als Jugendtrainer gehabt, von dem der Hans Krankl sagt, dass er der beste Trainer für ihn war in seinem Leben. Das war schon was. Bis die Mädeln interessanter geworden sind.

Ich meine, interessiert haben sie mich schon vorher, aber da war nicht mehr als Schultasche tragen und Handerl halten. In der Mittelschule hab ich eine Freundin gehabt, die Vera, mit der hab ich drei Jahre nichts anderes gemacht. Die hat in Meidling gewohnt, ich hab sie immer von der Schule abgeholt. Die hat einen Vater gehabt, der war Zureiter in der Krieau. Sie hat sich grenzenlos gefürchtet vor ihm. Mir war er auch nicht geheuer. Der hat immer gesagt: Wenn ich den Trottel erwisch, den erschlag ich. Ich hab ihn nie kennengelernt, wie man sieht.

Wobei, die Vera wär mir schon ein bissel Erschlagen wert gewesen, hawedere, die war ein Traum. Ich weiß noch, wie sie runtergerufen haben vom Gerüst, wenn ich mit ihr wo gestanden bin: Suchts euch a Wohnung. Man kann sich vorstellen. Sie war derselbe Jahrgang wie ich, aber sie hat so reif gewirkt. Für mich war sie die absolute Krönung.

Meinen ersten richtigen sexuellen Kontakt hab ich erst mit einundzwanzig gehabt. Mein Vater hat mir vorher gesagt, was man macht und worauf man aufpassen muss, damit niemand schwanger wird. Sie war eine Hausmeistertochter und hat sich entsetzlich geniert dafür, komischerweise. Ich kannte sie von der Hochschule, sie hat auch Wirtschaft studiert. Sie hat mir gefallen, und ich hab überlegt, wie ich das einfädle. Dann ist mir eingefallen, sie hat einen rosa Mantel, da steck ich ihr einen Brief in die Tasche, vor der Vorlesung. Da hingen aber vierhundert Millionen Mäntel.

Na, jedenfalls hab ich ihn gefunden und ihr den Brief reingesteckt. Dass ich sie dann abhole und was weiß ich was. Dann bin ich neben ihr stehen geblieben und hab gesagt, sie soll einsteigen. Ich hatte so einen alten Mercedes Diesel, den hat mir mein Vater überlassen, und der war mir wahnsinnig wichtig. Sie war sehr geschreckt, aber eingestiegen ist sie. Das war sozusagen meine erste Freundin. Meine Mutter hat das ermöglicht, sie ist drei Stunden spazieren gegangen. Sie hat das Mädel gar nicht gekannt. Wir haben uns dann noch ein paar Mal gesehen auf der Uni. Ich weiß noch, wie es aus war. Eigentlich hat es gar nie wirklich angefangen.«

(Das Leben schon. Karlheinz Hackl stürzte sich hinein, als wolle er drei Biografien füllen. Die Matura hatte er geschafft, die Reifeprüfung hinter sich. Als er zum Bundesheer musste, inskribierte er gleichzeitig auf der Wirtschaftsuniversität, die damals noch Hochschule für Welthandel hieß. Als er abrüstete, schrieb er sich in die Schauspielschule Krauss in Wien ein.)

»Es war ein bissel viel auf einmal, ja. Aber ich wollte aus dem Gemeindebau raus. Und ich wollte meinem Vater beweisen, dass ich etwas schaffe. Ich wollt's ihm zeigen.

Bitte, das Bundesheer musste man ja machen. Neun Monate mindestens, zwölf Monate war Maturantenkompanie. Das hat sich mein Vater schon erwartet. Ich war Kraftfahrer, wobei ich die Fahrprüfung noch einmal machen musste beim Heer, damit ich einen Jeep fahren konnte. Dann wurde ich Gefreiter und zuletzt war ich bei der Ehrenkompanie. Für Staatsbesuche und so, der Queen Elisabeth habe ich salutiert. Und mein Ausbildner war der Heinz Werner Schimanko, Wiens Nachtklub-König, auch schon tot.

Welthandel habe ich gemacht, obwohl ich mit Wirtschaft überhaupt nichts anfangen konnte. Ich hab mir gedacht, ich kann eh nicht verhandeln, also ist es sinnlos. Aber es war genau in die Richtung von meinem Vater, dem hat das gefallen. Und ich wollte seine Anerkennung.

Schauspieler bin ich geworden, weil ich etwas zusammenbringen wollte, was mein Vater nicht kann. Das Theater hat ihn viel mehr interessiert als mich. Bevor ich in die Schauspielschule ging, war ich ganze dreimal im Burgtheater, und ausgerechnet bei Aufführungen, die furchtbar waren. *Galileo Galilei* mit Curd Jürgens. Die Vorstellung hat zwei Stunden gedauert, als Bub eh schon entsetzlich. Dabei war sie locker eine Stunde kürzer als üblich, weil das der Abend war, an dem der Jürgens den Kollegen gesagt hat, sie sollen schneller spielen und Szenen überspringen, weil er ein Flugzeug erreichen wollte. Dann hab ich gesagt, ich schau mir den Klaus Maria Brandauer einmal an. *Don Carlos*. Was war? Es kommt nicht der Brandauer, sondern der Dieter Witting raus, weil der Brandauer die Stiegen hinuntergefallen ist und sich eine Sehne gerissen hat.

Ins Kino bin ich gern gegangen. Mit meiner Mutter. Peter Alexander, O. W. Fischer, Maria Schell und Caterina Valente, so was halt. Musikfilme, das ist gegangen. Aber Theater, das war christlich, das war Hochkultur. Theater hat mich null interessiert. Bis ich beschlossen habe, ich werd Schauspieler, irgendwann in der Mittelschule. Du wirst Schauspieler. Meinem Vater habe ich eingeredet, ich brauche das, fürs Studium. Rhetorik, damit ich bessere Vorträge halten kann, und das hat er geschluckt.

Ich bin also zwischen der Hochschule und dem Krauss hin

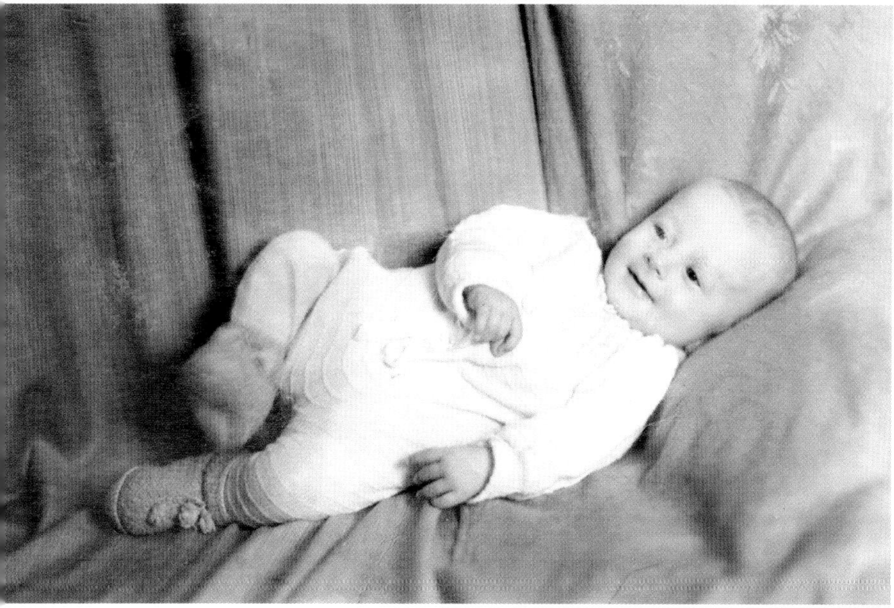

Karlheinz Hackl, geboren am 16. 5. 1949

Hochzeitsfoto der Eltern

Karlheinz mit seiner Mama

Weihnachten im Hause Hackl

Karlheinz als 2-Jähriger

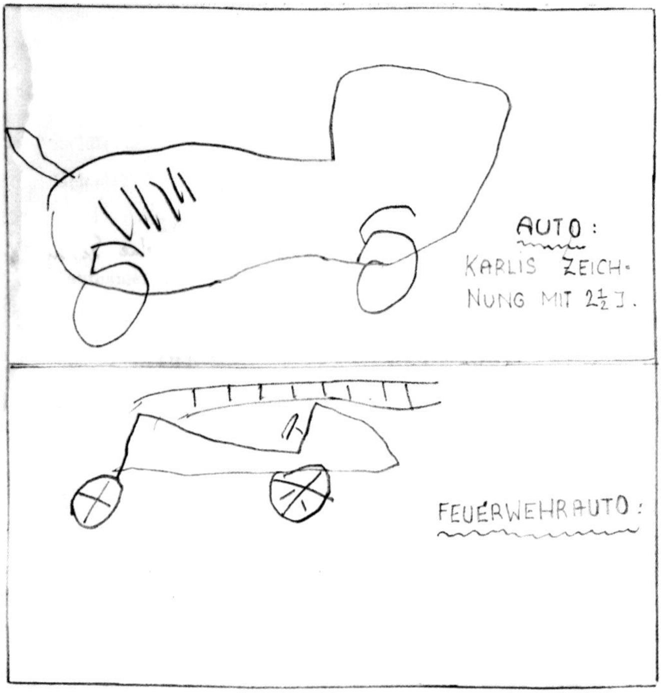

Erste künstlerische Ambitionen

Mit seinem
Cousin Hans

Auf einem Skiausflug

Mit einem Jugendfreund

Mit seinem Hund

Zu Hause bei Hackls

Mit Mama am Ossiacher See

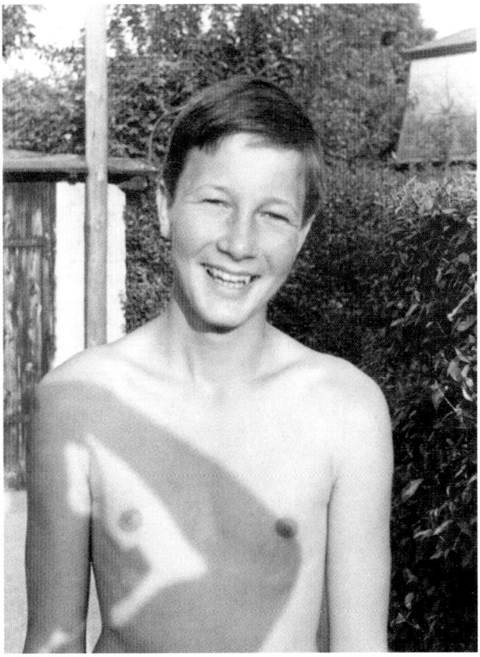

Vom Kind zum Jugendlichen

Erste Rolle in der Mittelschule in
Pygmalion (George Bernard Shaw);
Rolle: Professor Higgins

und her gependelt und auf einmal war ich mit der Schauspielschule früher fertig als mit Betriebswirtschaft. Normalerweise dauerte die Ausbildung damals drei Jahre, und ich musste auch noch kellnerieren, weil ich mir das alles selber finanziert habe. Zwei-, dreimal in der Woche habe ich im Studio 15 gearbeitet, schräg gegenüber der Koralle, im neunten Bezirk in der Porzellangasse.

Kein gesunder Beruf. Oben war ein Espresso und unten eine Diskothek, dort haben sie Barfuß-Dancing gehabt. Rock 'n' Roll auf einem Fell. Das war so ein Gag in der Zeit. Waren eh nicht mehr als zwei Gäste unten, aber gestunken hat's für zwanzig. Mit zehn Prozent war ich am Umsatz beteiligt, da habe ich natürlich viel Eis in so einen Martini hineingeschaufelt und dann den Bonus verrechnet. Man hat ja Geld gebraucht, weil nachher ist man ins Chattanooga gegangen. Und achthundert Schilling hat man gezahlt im Monat beim Krauss, das war sehr viel Geld. Gleichzeitig war ich da schon am Theater der Courage und dann im Volkstheater engagiert und bin immer noch auf die Uni gegangen. Weil ich mir gedacht habe, das machst du jetzt fertig, ich will nicht etwas anfangen, was ich nicht zu Ende bringe.

In Transportwesen hatte ich meine letzte Prüfung, bei einem Deutschen, ein humorloser Mensch. Den hab ich ins Theater gelotst, dass er mich sieht, bevor ich die Prüfung bei ihm mache. Wir haben *Der Kommandant* gespielt, beim alten Manker, dem Gustav. Das war ein Stück, wo ein junger Offizier zur SS kommt, Sturmbannführer wird, dann draufkommt, dass sein Vater ein Jude ist, und daran zerbricht. Es hat ihm gefallen. Nehm ich einmal an, weil bei der Prüfung hat er mich gefragt: Wie viele Räder hat ein Lastwagen? Und reichen sie alle bis zum Boden?

Mein Thema für die Diplomarbeit war Fuhrparkeinsatz im Handel. Ich hab meinen Vater interviewt, der war ja im Handel, nur akademische Fußnoten hab ich keine gehabt. Haben die gesagt, das ist nix. Also hab ich irgendwelche Sätze aus irgendwelchen Büchern dazugeschrieben und einen Dreier gekriegt. Ich war so ziemlich der erste Magister, 1976, glaub ich, davor hat man als Diplomkaufmann abgeschlossen. Dreizehn Semester hab ich gebraucht. Acht wären auch schon nicht wenig gewesen. Aber ich hab's durchgezogen. Ich habe einen Drehtag gehabt beim Axel Corti für *Der junge Freud* und von dort bin ich zur Sponsionsfeier gefahren.«

(Karlheinz Hackl flitzte zwischen den Welten hin und her, als wäre das ganz normal. Mit den ersten Prüfungsscheinen eines angehenden Betriebswirts in der Tasche rauschte er in der Schauspielschule ein. Als Mensch versteckte er sich unter einer Tarnkappe.)

»Es war damals eine Zeit, da konntest du nicht einfach so sagen, du wirst jetzt Schauspieler. Da musste man schon politische Gründe haben. Chile oder so. Wenn einer annähernd gut ausgeschaut hat, hat er keinen Auftritt gehabt. Der wurde der Glattheit verdächtigt. Heute ist es schon wieder ein Vorteil, aber damals musstest du eine Type sein. Man hat den Hamlet nicht spielen wollen. Man hat ihn spielen wollen müssen. Es war halt die Achtundsechziger-Generation. Stundenlang wurde über schwere Dinge geredet. Meine ganzen Freunde waren Kummerln, mir hat das gefallen, weil die so überzeugt waren von was.

Ich hatte ja eine vollkommen falsche Vorstellung. Ich hab mir gedacht, ich gehe auf eine private Schauspielschule, wo der Fritz Muliar künstlerischer Leiter ist. Der wird dort präsent sein, es werden mir schöne Menschen entgegenströmen. Zum Teil war das auch so. Adrette Leute, Talente in Maßschuhen, Abgehobene mit Schal. Ich hab das gesehen und sofort umgedreht, weil ich nicht das Zeug gehabt hab, reinzugehen. Irgendwann bin ich hinein, es war eine ganz normale Wohnung, und der Muliar war auch nicht da.

Wenn er da war, war er sehr brutal. Einmal haben wir *Der kaukasische Kreidekreis* spielen müssen. Wir sind da herumgegangen, mit Stiefeln, alles dreckig, und dann waren wir verzweifelt. Hat einer gefragt: Was soll ich mit den Armen machen, Herr Professor? Der Muliar hat gesagt: Lass dir s' abhacken. Der war ein großer Mann und ziemlich schlagfertig.

Aber lange nachher habe ich ihm erzählt, dass meine Mutter im Sterben liegt, und eine Stunde darauf war der Professor Denk da, ein Kapazunder damals. Für meine Mutter war es zu spät, aber er war sofort da. So furchtbar der Muliar sein hat können, andererseits hat er in der Sekunde geholfen, wenn man ihn gebraucht hat.

Ich hab beim Krauss alles gespielt, was es überhaupt zu spielen gab. Wenn jemand eine Prüfung hatte, Mädel oder Bub, hab ich deren Text mitgelernt, jede Rolle, Alter, Junger, Buckliger, ich hab gelernt, was mir untergekommen ist. Am Anfang war es so: Man hat seinen Namen gesagt, einen Lehrer zugewiesen bekommen, und dann hast du irgendwas gelesen. Daheim hast du es auswendig gelernt und dann in der Schule die Szene gespielt. Schauspielen ist zu zehn Prozent Talent, der Rest ist Arbeit. Als Schauspieler musst du etwas leisten, es fliegt dir nicht alles zu. Ich bin ja keiner von der Leistungsgeneration, aber ohne Leistung geht es nicht.

Es ist Text lernen, Text lernen, Text lernen. Das ist natürlich das Depperte an dem Beruf. Man hat schon geredet über die Rolle, aber über viel mehr als einen Satz ist man gar nicht hinausgekommen, weil gleich unterbrochen wurde. So nicht! Anders! Nein!

Und dann das Sprechen. Man hat seine Sprachübungen gemacht: der kleine Hai, der kleine Hai. Oder wie man flüstert, dass man es ganz hinten auch noch hört. Es gibt diese Übungen, wie man die Stimme größer macht, und Atemtechnik, aber das wurde nicht unterrichtet. Das gibt's auch im Reinhardt-Seminar nicht, das lehrt einen alles die Praxis. Man lernt es, indem man heiser wird. Am Anfang im Burgtheater war ich die ersten zwei, drei Jahre immer wieder heiser.

Geprüft wurde damals beim Krauss noch öffentlich, vor einer Kommission. Und du hast gewusst, du spielst jetzt, sagen wir, den Ferdinand, und der Prüfer hat die Rolle als Junger irgendwo gespielt, und der glaubt natürlich, er war der beste Ferdinand überhaupt. Bei mir war's der Valentin.

Prüfer war der Rudolf Strobl und der fragt mich: Na, was hat der für einen Beruf, der Valentin? Und ich sag: Tischler. Der Strobl sagt: Glauben Sie, dass Sie einen Tischler gespielt haben? Sag ich: Na, mehr so einen Feintischler, so einer mit Laubsäge. Weil ich so herumgehupft bin. Und dann sagt der Strobl: Na ja, Tischler war das keiner. Aber ich bin dann doch durchgekommen. Und in eineinhalb Jahren war ich fertig. Ich musste schnell sein, weil ich mir schon alt vorgekommen bin. Normalerweise geht man mit neunzehn in die Schauspielschule, ich war schon dreiundzwanzig.«

(Karlheinz Hackls Bedingung zu der Zeit war: in Wien

bleiben. Für einen angehenden Schauspieler eine etwas unpraktische Vorgabe.)

»Völliger Wahnsinn, eigentlich. Aber ich wollte nicht weg und habe angefangen zu spielen. Im Keller, im Theater der Courage haben sie mich genommen. Meine erste Rolle war ein Zögling in einer Erziehungsanstalt, ein homosexueller Perverser, der sich dann erschlagen hat lassen. Dann kam ich zum Hans Gratzer vom Schauspielhaus, der hat das Sommertheater in Krems gemacht.

Ich habe ein Mädchen gekannt beim Krauss, die Judith. Zweiundzwanzig oder dreiundzwanzig war ich damals, und sie war aufs Jahr, auf den Tag, auf die Stunde, auf die Minute genauso alt wie ich. Eines Tages sagt sie: Du, ich geh ins Volkstheater, da habe ich einen Vorsprechtermin. Wir haben ausgemacht, dass ich nach der Hochschule vorbeikomme, dann probieren wir *rozznjogd,* und dann schauen wir. Ich komm natürlich zwei Stunden zu spät von der Vorlesung, geh beim Volkstheater hinein, kommt mir die Judith entgegen und sagt: Hast du Zeit? Man will uns sehen.

Na gut. Ich spiel mit ihr eine halbe Stunde die Szene auf der Bühne, auf einmal kommt der alte Manker raus, der hat immer so eine Virginia geraucht, und fragt mich, wer ich bin. Ich sage ihm, wie ich heiße und dass ich eh bei ihm spiele, weil ich in den Außenbezirken bei ihm ein paar kleine Rollen gehabt habe. Aha, sagt er, das hab ich gar nicht gewusst. Und dann hat er mich engagiert, und nicht die Judith. Das war natürlich furchtbar.

Es war eine Rolle, die der Heinz Petters hätte spielen sollen. Aber er war krank. Von einem Zeckenbiss hatte er eine Gehirnhautentzündung und musste ins Spital, wie er gerade den Satanael probiert hat, *Adam und Eva*. Deshalb hat der Manker gesagt: Ich habe einen Neuen, soll der das spielen. Und ich Trottel geh dann ins Krankenhaus und sag zum Petters: Danke, dass Sie mir die Rolle verschafft haben.

So habe ich halt im Volkstheater gespielt. Bis plötzlich der Boy Gobert dagestanden ist, im Pelzmantel, mit seinen Freunden. Er hat sich herabgelassen, sich die Vorstellung angeschaut und mich vorsprechen lassen. Er hat so Sachen gesagt wie: Ich schenke Ihnen die Bühne. Schauspieler, die da probiert haben, haben tatsächlich gehen müssen, damit ich allein dort stehen konnte. Und dann hat mich der Gobert nach Hamburg ans Thalia Theater geholt.

Zur selben Zeit hätte ich ein Stück mit der Vera Borek in der Hauptrolle spielen sollen. Was ich nicht wollte wegen dem Gobert, und weil mich ja der Corti für den *Jungen Freud* haben wollte. Ich wusste nicht, was ich machen sollte. Ein Freund hat mir geraten, zur Leseprobe hinzugehen und dort Bescheid zu sagen. Also bin ich da hin und habe verkündet: Ich möchte nur sagen, ich spiele das nicht. Die haben alle geglaubt, ich bin deppert. Aber ich bin aus dem Vertrag herausgekommen, habe den Corti-Film gemacht und bin nach Hamburg gegangen. So viel zu der Bedingung, ich will in Wien bleiben.«

(Judith war natürlich nicht begeistert. Nicht so recht, weil Karlheinz Hackl nach Deutschland ging, sie hatte öfter Grund, nicht begeistert zu sein.)

»Dass ich am Volkstheater engagiert wurde, war bitter für sie. Sie war ja diejenige, die vorsprechen sollte. Und sie war es, die mir Bücher hingelegt hat, Fachliteratur, Stanislawski und solche Sachen. Wegen ihr habe ich eigentlich zu lesen angefangen.

Vorher bin ich über Literatur wie Jerry Cotton und so Biografien wie vom Franz Beckenbauer nicht hinausgekommen. Kann mich nicht erinnern, dass ich einmal einen Joseph Roth gelesen hätte oder vom Robert Musil *Mann ohne Eigenschaften,* aber den hat eh kaum wer gelesen. Nicht, weil ich zu schlicht bin, sondern weil ich so wenig Zeit hatte. Ich bin nicht grad einer, der aus dem Buch heraus den Geist schärft. Die Judith war eher so. Sie war mit mir in der Schauspielschule und am Theater der Courage und meine erste richtige Freundin, mit der ich auch gelebt habe. In ihrer Wohnung in der Innenstadt am Tiefen Graben.

Sie war eine starke Frau und witzig. Aber so witzig auch wieder nicht, dass sie sehr gelacht hat, wie dann das mit der Eva K. war. Mein Gott, das entspricht mir schon. Es hat angefangen, dass ich im Volkstheater gesessen bin im Konversationszimmer, und die Eva hat gastiert im Volkstheater. Sie war für mich ein unglaublicher Begriff, älter als ich, aber eine ziemlich attraktive Frau, muss man sagen. Die saß also auch dort im Konversationszimmer und hat mich so angeschaut, ein bissel gelangweilt, und mir ist nicht Besseres eingefallen, als sie zu fragen, ob wir ins Kino gehen. Holen Sie mich doch ab, hat sie gesagt. Na gut, hab ich sie abgeholt. Es hat drei, vier Monate gedauert.

Irgendwann ist die Eva weggefahren. Zum Kurfürstendamm Theater spielen, so hat sie das genannt, und ich soll auf den Hund aufpassen. Ich habe ja gewohnt bei ihr, sie hat mich richtig aufgesogen. Der Hund war einer von der Rasse, die immer so schnaufen, weil sie keine Luft kriegen, so ein Grunzhund, Patti hieß er. Ich sollte ihn hüten, während sie in Berlin war. Was ich auch gemacht habe. Nur hat der irgendwann Harn von sich gegeben, mehr als Hunde das sollen.

Im Tierspital haben sie mich gefragt, ob das meiner ist. Nein, hab ich gesagt, der gehört einer Freundin, der Eva K. Springt der Doktor auf und schreit: Gehen S' mir weg mit dem Viech! Stellt sich heraus, die Eva hat mit dem Tierspital wegen Lärmbelästigung oder weiß der Kuckuck was prozessiert. Die wollten mir den Hund nicht nehmen, außerdem war er total degeneriert, wenn er wo heruntergesprungen ist, hat er sich was getan. Alle Läufe waren gebrochen, mit dem hat man nichts mehr machen können.

Am selben Tag hat die Eva angerufen und sich erkundigt, wie es dem Hund geht. Hab ich ihr gesagt, dass er eingeschläfert worden ist. Und sie sagt: Da kann man nichts machen. Das war's dann, ich bin ausgezogen. Ich hab sie nie mehr wiedergesehen. Gehört habe ich, dass ihr Mann, von dem sie damals, zu meiner Zeit, schon getrennt war, mich als Scheidungsgrund angegeben hat. Ich bin wieder zur Judith zurück, die hat mich tatsächlich noch genommen. Aber es war nicht mehr so wie früher.«

(Hamburg war eine Enklave von Österreichern und eine schöne Stadt. Karlheinz Hackl fühlte sich sofort zu Hause.)

»Ich bin mit dem Auto hinaufgefahren. Gewohnt habe ich in der Haynstraße in Eppendorf bei einem Kameramann, den ich von den Dreharbeiten zum *Jungen Freud* kannte. Er war aus Hamburg und hat mich in einem Zimmer bei sich zur Untermiete einquartiert. Dann wurde ich dem Ensemble vorgestellt: Das ist der Kollege Hackl aus Wien. Ja, man hört's. Und bei der Arbeit hat der Gobert immer gesagt: Der spielt schon wieder Nestroy. Daraufhin habe ich getan, als ob ich ein Deutscher wäre. Das hat mir später beim Peymann geholfen.

Es waren viele Österreicher in Hamburg. Der Heinz Trixner, die Nicole Heesters, war fast wie daheim. Nur, was ich vom Gobert halten sollte, hab ich nicht so recht gewusst. Sicher, als mir mein Agent in Wien gesagt hat: Klar, das musst du machen, das ist ganz toll, der Gobert und so, da hab ich mir noch nichts gedacht. Das wirkliche Ziel in Hamburg war ja auch das Schauspielhaus. Dort haben sie das fetzige Theater gemacht, Peter Zadek und so. Am Thalia Theater war die heile Welt, was der Gobert eben ausgestrahlt hat. Und ich hab mich gefragt, warum bin ich überhaupt da? Steht der Gobert auf mich oder was? Bei dem hat man nie abschätzen können, ist man aus künstlerischen Gründen da oder aus privaten. Ich hab's auch nicht gewusst.

Er hatte schon so einen eindeutigen Ruf, und man kann nicht sagen, dass er sich sehr verstellt hat. Bei Premieren ist er aufgetaucht irgendwo hinter den Kulissen, hat sich dort herumgedrückt, und ich hab mir gedacht: Na servas. Manchmal, wenn ich aus dem Theater hinausgegangen bin, ist oben bei der Direktion das Fenster aufgegangen und er hat leise nach mir gerufen, und ich hab mir gedacht: Na ja.

Er hat so eine junge Partie um sich geschart, ich war ja auch erst siebenundzwanzig damals. Es hat wahrscheinlich Kollegen gegeben, die haben dann schon mit ihm. Um ihr Engagement zu erhalten. Andere haben vielleicht so getan als ob. Um Rollen zu kriegen. Ich hab mich irgendwie rausgeredet. Ich hab ihm nicht gesagt: Lass mich in Ruh, bist deppert? Aber ich hab schon ein bissel scheu gegrinst.

Einmal hat er mich gefragt: Na, Karli, was wirst du denn tun nachher? Ich hab gesagt: An die Josefstadt will ich. Da hat er einen Schlüsselbund nach mir geworfen. Und dann ist er selber an die Josefstadt gegangen.

Aber ich habe schon viel gelernt von ihm und in Hamburg. Das Unterspielen vor allem, was allerdings immer auch mein größter Fehler war, weil ich gewisse Situationen nicht tief genug genommen, sondern drübergespielt habe. Das habe ich beim Gobert so gelernt. Er hat mich natürlich noch nicht für Hauptrollen, aber immer gut eingesetzt. Und ich hab gut verdient für meine Verhältnisse. Im Volkstheater hat man mit fünf-, sechstausend Schilling brutto angefangen. In Deutschland hast du achtzehnhundert bis zweitausend Mark gekriegt, also weit mehr als das Doppelte. Das war richtig viel Geld.

Ich bin dann auch schnell von der Untermiete bei dem Kameramann in die Sierichstraße gezogen, sehr schöne Gegend, und von dort in die Heimhuder Straße, da hatte ich wieder jemanden kennengelernt. Die Susanne. Sie war mit dem Heinrich Schweiger, einem großartigen Kollegen, Schauspieler und Lehrer am Reinhardt-Seminar, verheiratet, hat aber selber auch Schweiger geheißen. In Hamburg haben sie sich getrennt und ich war mit den beiden in einem Restaurant zur Feier ihrer Scheidung. Danach habe ich zuerst den Heini heimgebracht und dann sie. Zusammengekommen sind wir erst ein paar Monate später. Da hab ich allerdings schon mit der Mona geturtelt, was ich der Susanne blöderweise gesagt habe, dass ich auch mit der Mona und so. Sie hat einen Schreikrampf gekriegt, und ich Trottel sag noch: Das wäre jetzt sehr gut, wenn du das spielen könntest.

Sie hat sich später gerächt. Einmal, als sie mit der Mona in Wien war und mir einen Brief geschickt hat, in dem es ihr ein Bedürfnis war, mir zu sagen, was für ein Arschloch ich bin. Beigelegt waren Fotos von ihr und der Seefried, entblättert in einer Garderobe, beide. Und ein anderes Mal, da habe ich sie wieder einmal in Hamburg besucht, kommt sie mir hochschwanger entgegen. Ich war schon etwas beleidigt, dass sie mir nichts erzählt hat. Und dann beim Essen nimmt sie den Polster raus. Jetzt lebt sie in der Toskana, verheiratet mit einem Musiker, der hat keine Zähne.«

(Zwei Jahre war Karlheinz Hackl in Hamburg. Es war Zeit, nach Wien zurückzukehren.)

»Ans Burgtheater bin ich gekommen, weil ich gewusst habe, der Achim Benning ist Direktor. Ich habe seinen besten Freund gekannt, Peter Striebeck, der mit mir einmal engagiert war, und den habe ich gebeten, er soll dem Benning sagen, ich spiele grade einen Nestroy, den Melchior in *Einen Jux will er sich machen*. Normalerweise ist das nichts, was man als Junger spielt, es ist eine Rolle für den Qualtinger gewesen. Aber ich hatte gute Kritiken. Und der Benning ist wirklich gekommen, hat sich das angeschaut und gesagt, dass das nicht gerade meine Rolle ist, aber er nimmt mich trotzdem. So bin ich ans Burgtheater gekommen.

Meine erste Rolle an der Burg war der Neugebauer, der

Michael Heltau hat den Schwierigen gespielt. Und am Akademietheater habe ich *Betrogen* gespielt, mit der Sonja Sutter und dem Joachim Bißmeier. Mit dem habe ich das Stück übersetzt, und dann haben wir drei Wochen probiert. Ich habe mir gedacht, hawedere, ein Dreipersonenstück, mit diesen Partnern. Regisseur war Peter Wood, ein Brite, der das Stück in London inszeniert hat und mich in Hamburg auf der Bühne gesehen hat. Er war stockschwul und konnte kein Wort Deutsch. Apfelstrudel mit schwerem Akzent hat er können, sonst nichts.

Es war eine tolle Anfangsrolle für mich und ein Riesenerfolg gleich am Anfang. Der Paul Blaha hat in einer Kritik geschrieben: Schöne Grüße vom Boy Gobert. Man hat ihn ja unwillkürlich nachgemacht. Und nach vier Jahren hab ich so gesprochen wie er. Ja, ich war der Boy Gobert.

Als Nächstes habe ich *Wie es euch gefällt* gespielt. Meine Partnerin war die Andrea Jonasson. Sie war mit Giorgio Strehler verheiratet. Ein großer Regisseur, irrsinnig eitel. Von dem hat man sich erzählt, er habe zum Beispiel alle Lichter im Haus abdrehen lassen und sich nur mehr bei Kerzenlicht im Badezimmer in den Spiegel geschaut. Wie er die Jonasson kennengelernt hat, war sein ganzes Büro mit ihren Bildern tapeziert, und wenn er was besetzen musste, hat er gesagt: Die spielt das.

Die Jonasson war Feuer. Auch wenn die roten Haare gefärbt waren. Wir haben ein Liebespaar gespielt, eben die Rosalind und den Orlando, und ständig hat sie den Strehler angerufen und ihn gefragt, wie sie das spielen soll. Er hat ihr Tipps gegeben, eigentlich hat er inszeniert übers Telefon. Und irgendwann kommt sie mit einem abgebrochenen Ast aus dem Wienerwald, fuchtelt herum und haut mir eine drauf. Und ich schau sie an und krieg einen Lachkrampf. In dem Moment ist es passiert. Da hat's geschnalzt. Dann gibt es eine Szene, wo man eine halbe Stunde herumsteht auf der Bühne und die Musik spielt. Man tanzt und umarmt sich und hat keinen Text mehr und küsst sich. Ab da hab ich eine Beziehung mit der Jonasson gehabt.

Das war das einzige Mal, dass ich mich auf der Bühne verliebt habe. Die Gerüchte von den Verhältnissen, wenn man miteinander spielt, sind ja nicht wahr. Ich behaupte sogar das Gegenteil. Und ich darf das wirklich sagen, weil ich bin ja nie abgeneigt gewesen. Aber man ist Konkurrent auf der Bühne. Der Partner ist ein Gegner, du willst ja gut sein in einer Liebesszene. Du musst schon mit deiner Partnerin spielen, aber dass du privat auch noch heimgehst, ist dann zu viel.

Danach habe ich meine erste Frau, Brigitta Furgler, kennengelernt. Eine sehr aparte Frau, sprachgewandt, schöne Augen, tiefe Stimme. Die Jonasson hat auch so eine Stimme gehabt. Erotisch. Gebrochen. Die hat sie sich kaputt gemacht, weil sie bei einem Stück immer so schreien musste. Sie hat nie ein Hehl draus gemacht, dass sie liiert ist. Die hat ansatzlos mit dem Strehler telefoniert und ich bin daneben gesessen. So etwas hab ich überhaupt noch nicht erlebt. Es hat jedenfalls jeder gewusst von uns, wir sind ja auch fortgegangen.

Jahre später haben wir wieder miteinander gespielt. Wir probieren, und sie behindert mich, wo sie kann. Und dann sagt sie: Du hast herumerzählt, wir waren zusammen, glaubst du, ich werde wegen dir den Strehler verlassen, ich werde dich vernichten, ich werde dir jede Pointe kaputt machen, die du anbringen willst. Was sie auch gemacht hat. Ich hab das dem Benning gesagt, aber der hat abgewinkt: Das bildest du dir nur ein. Erst bei der Generalprobe hat sie die Rolle richtig gespielt und auch mich gelassen.

Trotzdem, es hat gut begonnen. Ich war nicht unzufrieden. Beruflich ging es für mich immer sehr gut, von Anfang an. Ich habe schöne Rollen gespielt. Und auch nach Hamburg habe ich nicht wieder von vorn anfangen müssen. Natürlich, man hat mir schon gesagt, aha, mit wem hast du denn schon gearbeitet? Mit dem Luc Bondy nie und nicht mit dem Zadek. Wie man halt so redet. Aber ich habe gespielt. Was ja an der Burg nicht selbstverständlich ist. Die einen wollen nicht, die anderen dürfen nicht.

Als ich inszeniert habe, sind mir Leute untergekommen, die haben sich gegen eine Rolle sogar gewehrt. Bei *Romeo und Julia* zum Beispiel. Warum den Capulet?, hat mich einer gefragt. Warum nicht den Lorenzo, den Pfarrer? Ich meine, das ist doch absurd.

Der Gobert hat mich vorm Gegenteil gewarnt. Nämlich dass ich nicht oft auftreten werde. Du gehst an ein Theater, wo der Georg Schuchter engagiert ist und der Dieter Witting, was wirst du dort spielen? Dann bin ich mit dem Benning im Café Landtmann gesessen und er hat mich beruhigt: Sie werden schon spielen.

Die Angst war trotzdem nicht unberechtigt. Wenn neunzig Schauspieler engagiert sind und man fünfzig nie sieht, musste man als Junger schon ein Glück haben, wenn man auf die Bühne durfte. Aber man bleibt, weil man an der Burg mehr Geld kriegt, man bleibt jahrelang, jahrzehntelang. Der Brandauer hat gesagt: Es fehlt an Würde, die

Schauspieler kriechen auf den Knien, sie sind feig, sie sind typische Burgschauspieler. Und da hat er auch recht. Aber irgendwann kommt man doch drauf, dass man woanders hätte spielen können. Im Fernsehen, aber das wurde nicht gern gesehen. Manchmal kommt's mir vor, als ob viele sich sagen würden: Ich spiele nicht, aber Hauptsache, ich bin am Burgtheater. Super. Das hätte der Brandauer nie so gemacht. Ich wahrscheinlich auch nicht.

Ganz früher war das noch ärger. Da ist man mit Glacéhandschuhen gekommen als Neuer und hat seine Visitenkarte abgegeben. Ich bin jetzt engagiert und heiße so und so. Und an Tische, wo der Hermann Thimig oder der Attila Hörbiger gesessen sind, hat man sich nicht hinsetzen dürfen. Kutschen haben die Schauspieler abgeholt beim Bühnentürl, mit denen sie in die Villen geführt worden sind, unglaublich. Das war natürlich längst nicht mehr so. Der Attila war für mich eher ein Freund als eine Respektsperson, der war so ein Gemütlicher. Geh, Alter, gib mir eine Marlboro. So war der für mich.«

(Karlheinz Hackl kam in der Ära Benning ans Burgtheater. Es war die Zeit des Aufstandes, Benning hat ein junges Ensemble gesucht. Es geisterte der Begriff herum: die junge Burg. Mit Claus Peymann kam der Umsturz.)

»Und mir ging's gut. Ich habe mir keine Gedanken gemacht übers Älterwerden, es kamen immer im richtigen Alter die richtigen Rollen. Große Rollen. Auch später, unter Peymann. Der Umstieg von Achim Benning auf Claus Peymann war für das ganze Ensemble ein Schock. Was logisch ist, wenn eh die Hälfte der Belegschaft glaubt, sie spielt nie wieder, und dann kommt einer und bringt noch fünfzig von seinen eigenen Leuten mit.

Ganz Österreich war in Aufruhr. Die Erika Pluhar hat gesagt, der hat faschistische Methoden. Der Brandauer hat sich nicht gefürchtet, aber er hat sich erkundigt, ob er abgesichert ist, und der Peymann hat gesagt: Jetzt spielt er endlich seinen Hamlet. Ich muss sagen, ich hab schon Angst gehabt.

Aber ich bin weiterhin besetzt worden. Mir ist nichts abgegangen. Nach dreißig kam nichts mehr, was ich mir so dringend gewünscht hätte, weil alles eingetreten ist. Kein Hamlet, das nicht. Aber den wollte ich nie so unbedingt spielen und ab dreißig gar nicht mehr. *Hamlet* ist kein so großartiges Stück, es ist halt der Inbegriff der Schauspielkunst, auch in den Köpfen der Leute. Für mich ist es die Geschichte eines pubertierenden Menschen, der gegen die Gesellschaft revoltiert. Ich muss ehrlich sagen, ich bin nicht traurig, dass ich nie den Hamlet gespielt habe.

Für mich war der Liliom toll. Eine wunderbare Rolle. Bei den Proben habe ich mich ausziehen müssen, weil ich Oberkörper zeigen musste. Der Paulus Manker und der Hanno Pöschl schauen mich an und sagen: So willst den Liliom spielen? Ich denk mir, die sind deppert geworden. Ich war ja ein sanfter Liliom, aber ich hab trotzdem den Bauch eingezogen. Und die haben gesagt: So geht das nicht. Und dann hat mich der Pöschl ins Fitnesscenter geschleppt. Dort hat's gestunken, alles voller Schweiß, Herren mit riesigen Hanteln. Der Pöschl hat mich trainiert, bis ein paar Kilo weg waren, aber ich hab immer noch eingeatmet. Nach sieben Wochen ist es dann gegangen.

Die schwierigsten Rollen waren für mich immer die, bei denen der Körper nicht viel macht, sondern nur das Wort. Ich bin kein Intellektueller, ich spiele mit dem Körper

Theater, ich benutze meine Hände. Ein Grillparzer, *Bruderzwist im Hause Habsburg* zum Beispiel, wo man so diszipliniert spielen muss, das ist für mich das Schwerste. Du hältst einen Vortrag vor achtzig Statisten, die alle denken: Das kann er auch nicht. Das ist nicht lustig. Ich habe mir ein Korsett angezogen, damit ich gerade stehe. Alles, was mit Disziplin zu tun hat, fällt mir schwer.

Nehmen wir nur Arthur Schnitzler. Mir ist der *Professor Bernardi* schwerer gefallen als *Das weite Land,* weil der Bernardi ein Herr ist und man vom Wort her so genau sein muss. Man muss den Text ganz exakt lernen, weil das so eine Medizinsprache ist und eine sehr jüdische Diktion. Das war in der Zeit, wo meine jetzige Frau, die Maria Köstlinger, und ich ganz frisch verliebt waren, und sie hat mich immer abgeprüft. Beim *Weiten Land* ist der Zustand wichtiger. Ich recherchiere keine Rollen, keine Gefühle. Ich bilde mir ein: Das bin ich jetzt. Bei Lesungen ist das auch so. Wenn ich eine alte Frau lese, bin ich eine alte Frau. Im Moment ist sie für mich die Realität.

Es geht mir nicht so sehr ums Stück, es geht mehr darum, dass die Situation hier und jetzt ist. Und trotzdem höre ich Huster im Publikum und bemerke sehr wohl, wenn auf der Bühne etwas passiert. Es hat sehr viel mit der Intensität zu tun, mit diesem Glühen, mit diesem Propeller, der da rennen muss. Sehr viel geht über die Stimme. Über Äußerlichkeiten. Wie bewegt sich einer? Hat er große Schuhe an? Geht er irgendwie patschert? Watschelt er? Solche Sachen.

Paula Wessely hat gesagt: Man muss sich verwandeln, sich tief in eine Rolle versenken und trotzdem ganz bei sich bleiben. Das ist zwar ein Widerspruch, aber es ist wahrscheinlich wahr. Man muss ganz bei sich bleiben und doch einen anderen spielen. Mir hat der Kurt Waldheim einmal gesagt: Hackl, bei Ihnen glaubt man immer, es passiert jetzt im Moment. Das ist eigentlich schön, wenn das einer sagt. Nur, dass mir das halt der Waldheim gesagt hat.

Die intensive Auseinandersetzung mit dem Text, was der Gert Voss sehr gut kann, was man beim Peymann lernt, habe ich lange Zeit nicht gemacht. Wir haben anderes ernster genommen. Es war so eine aggressive, politische Zeit. Nächtelang haben wir geredet über den Haeussermann, Direktion, Regie, Taktieren, Paktieren, und was uns die Leute damit kaputt machen und diesen Scheiß. Heute sehe ich das anders, da hätte ich ja nie ans Burgtheater gehen dürfen, so gesehen war das der Urfeind. Das war die Hochkultur. Das war das Establishment. Wie der Peymann gekommen ist, haben sicher ein paar gesagt, ich bin ein Verräter.

Der hat schon unglaubliche Frustration ausgelöst im Ensemble. Und Eifersüchteleien. In *Die Räuber* von Schiller hatte ich so einen riesigen Monolog, und dann steh ich da vor lauter jungen Leuten und sage: Jetzt schließt euch an! Und dann hab ich so in die Runde geschaut und mir gedacht: Na, hawedere, mit denen gehst jetzt und machst eine Revolution? Das war aber alles vorbei, wie ich angefangen habe zu inszenieren.

Die Räuber hab ich übrigens noch mit dem Attila Hörbiger gespielt, er war mein Diener und damals schon sehr alt. Und ich, als Karl Moor, hatte einen echten Vollbart, weil ich parallel dazu *Die Schwärmer* gespielt habe. Und der Attila hat immer auf der Seite in der Kulisse, das nennt man Gasse, auf den Auftritt gewartet, bis man ihm einen Stoß gegeben hat, dann ist er rausgegangen, hat mich angeschaut und gesagt: Nein, des is er net. Wegen dem Bart. Dann hat er mich offenbar doch erkannt und schreit: Ja, Koarl! Nicht Karl. Koarl! Zum Helmuth Lohner hat er einmal statt Peer Gynt Paul Gynt gesagt, und in der Garderobe hat er gesagt: Ich weiß nicht, der Heltau spielt heut so komisch. Der hat jeden mit jedem verwechselt.

Meine erste Frau hat auch mitgespielt in *Die Räuber*. Die hat oft so eine Wahnsinnige gespielt. Sie war die Amalia und zum Schluss meuchel ich sie mit einem Schwert und hab sie tot in der Hand. Dann leg ich sie hinunter und setz sie auf einen Bühnennagel. Jetzt hat die aber nix sagen können, weil sie tot war. Und schwanger war sie auch schon.

Wie die Franziska dann auf die Welt gekommen ist, wäre sie beinahe gestorben. Schwere Geburt, wir haben gezittert und gebangt, dass es das Baby nicht überlebt. Dafür war die Stefanie ganz schnell da. Ich habe zu beiden Töchtern eine gute Beziehung, aber guter Vater war ich sicher keiner. Ich, der Workaholic.

Wir hatten damals ein Haus in Gars am Kamp. Ein Freund, mit dem ich studiert habe, hat dort gewohnt, und ich dachte, es wäre schön, auch da zu wohnen. Aber ich hab kein Geld gehabt. Schließlich habe ich einen Grund gefunden mitten im Wald, fünfzig Schilling pro Quadratmeter, und ein Fertigteilhaus hingestellt. Von Brauchl, der mittlerweile diesen Alpenlachs macht. Der ist auf diesen Lachs umgestiegen, eigentlich ausgestiegen, und macht nur mehr Lachs.

Es war als Wochenendhaus geplant, aber wie die Franziska ganz klein war, waren wir öfter draußen. Einmal komm ich um Mitternacht aus Wien und hab gleich gewusst, da ist was gewesen. Die Brigitta war allein mit dem Kind, da ist mein Vater aufgetaucht, hat sich ausgezogen, vor den Fernseher gesetzt und wollte, dass sie ihm was zu essen macht. Weil das Haus gehört auch mir, hat er gesagt. Die Brigitta hat sich das nicht gefallen lassen und gewagt zurückzureden. Das ist mein Vater nicht gewohnt gewesen und sie haben fürchterlich gestritten. Das Kind hat geschrien, es war schauderhaft.

Brigittas Vater war Bundespräsident in der Schweiz. Das war schon ein Unterschied. Ich gebe zu, das hat mich sehr beeindruckt, mich als Gemeindebaukind. Ich hab sie schon sehr gern gehabt, die Augen, diese Stimme, sie war eine klasse Frau. Ihr Vater war sehr mächtig. Er war ein großer Grund zu heiraten, das will ich nicht leugnen. Ich habe ihn immer sehr bewundert. Sehr.

In der Schweiz haben sie ein anderes System als bei uns. Ich sag das jetzt nicht als Vorbild, aber die haben acht Bundesräte. Und einer von denen wird immer ein Jahr Bundespräsident, so im Rotationsprinzip. Er war auch ein Workaholic, wie ich. Er war der höchste Brigadier, dann Justizminister, dann Wirtschaftsminister, dann Rechtsanwalt, dann Bundespräsident, zweimal. Er hat vier Sprachen gesprochen, war ein Virtuose auf der Geige und beim Handball, wirklich ein unfassbar gebildeter Mensch.

Seine Frau war eher ein scheuer Mensch. Bei Staatsbesuchen vom Reagan oder Gorbatschow stand sie immer so daneben, sie hat sich nicht wohlgefühlt. Ihr war das unangenehm, sie wollte gar nicht mitgehen, eigentlich. Und ihm hat man angesehen, dass er sehr darunter leidet, dass sie das nicht so klass findet.

Wie ich damals in die Schweiz gefahren bin und bei ihm um Brigittas Hand angehalten habe, haben sie Ziegelsteine ins Haus geschmissen. Er war ein Rechter, der meistgehasste Mensch in der Schweiz, gleich nach dem Khomeini. Dabei war er ein sehr sozialer Mensch. Allerdings kein volksnaher Politiker, kein Schulterklopfer, er war ein Intellektueller. Und seine Tochter war eine starke Person.

Temperamentvoll sind sie beide, meine Ex-Frau und meine jetzige. Aber die Maria ist doch ganz anders. Die Maria hat mir einfach gefallen. Auf den ersten Blick.

Es war in einem Lokal im neunten Bezirk, Fromme Helene, dort habe ich sie zum ersten Mal gesehen. Ich bin an der Bar gelehnt und sie ist an einem Tisch gesessen mit dem Herbert Föttinger. Mit dem hat sie gerade *Was ihr wollt* probiert an der Josefstadt, sie hat die Viola gespielt, und da haben sie halt recht aufgeregt diskutiert. Aber ich hab geglaubt, die sind zusammen, weil der Föttinger war damals ledig und hat einen Flug gehabt auf die Maria, das hab ich mitgekriegt. Er war ein sehr attraktiver Mann, durchaus, so ein Mastroianni-Typ. Na, hab ich halt wieder weggeschaut.

Nur, ihre Augen haben mich nicht losgelassen. Die haben mir gefallen. Und der entzückende Hintern, ja, das geb ich zu, den hab ich nämlich gesehen, wie sie einmal hinausgegangen ist. Aber vor allem die Augen. Sie hat mich so angeschaut und den Blick länger hängen lassen. Ich war sehr verwirrt. Ich glaube, in dem Moment ist es passiert, wie ich dort an der Bar gesessen bin und sie angeschaut hab und sie mich angeschaut hat. Das war der magische Augenblick. Ja, für mich war's so.

Sie war vierundzwanzig, als ich sie kennengelernt habe. Es war ein erheblicher Altersunterschied, dreiundzwanzig Jahre oder mehr. Ich war noch verheiratet mit der Brigitta, aber wir sind schon drei Jahre auseinander gewesen. Und die Maria hat eine Beziehung gehabt in Salzburg, mit einem Croupier, aber das war auch schon im Auseinandergehen. Mit dem Föttinger hat sie nur gespielt, also im Theater. Und diskutiert in der Frommen Helene.

Ich war völlig vernarrt in sie. Ich habe mir sogar eine Vorstellung von ihr angeschaut, obwohl ich nicht gern ins Theater gehe, und vorher hab ich Blumen abgegeben. Dann habe ich sie bei einer anderen Vorstellung gesehen, *Cabaret* mit dem Karl Markovics, ich hab mir das mit meiner Tochter angeschaut. Die war damals fünfzehn oder sechzehn, und alle haben geglaubt, sie ist meine Freundin. Die Maria ist wegen mir reingegangen, sagt sie. Dazwischen haben wir uns immer wieder in der Frommen Helene gesehen, wenn sie mit dem Föttinger dort war.

Und irgendwann einmal hab ich halt gesagt: Gehen wir ein Stück Weg gemeinsam. Oder so einen Blödsinn. Ich meine, wer sagt so was? Gehen wir ein Stück Weg gemeinsam.

Jedenfalls hat mir das dann nicht schnell genug gehen können. Ich wollte sie haben, sofort. Wie verrückt hab ich eine Wohnung gesucht, damit ich mit ihr leben kann. Sie hat allein gewohnt in der Bennogasse im achten Bezirk, ich hab allein gewohnt am Kaasgraben in Döbling. Dann habe ich eine Wohnung gefunden im ersten Bezirk, in der Hegelgasse. Schön, groß, aber viel zu teuer. Die hat ein unglaubliches Geld gekostet, aber mir war's wurscht. Und am Kaasgraben hab ich noch einen Drei-Jahres-Vertrag gehabt und gebettelt, dass sie mich früher ausziehen lassen. Völlig vertrottelt. Ein Zimmer haben wir überhaupt nie benutzt, und auf der Dachterrasse waren wir vielleicht einmal zu Silvester, kurz.

Ich kann mich noch erinnern, wie wir die Möbel raufgetragen haben. Ihre, meine, und ein Klavier haben wir auch noch gekauft, einen Förster-Flügel. Ich spiel nicht Klavier. Die Wohnung war im fünften Stock. Mir ist das Kreuz abgerissen. Aber ich war in einer grenzenlosen Euphorie. Ich hab gelacht. Das hat man bemerkt, alle haben das bemerkt.«

(Karlheinz Hackl war ein neuer Mensch. Der traurige Komödiant mit dem aristokratischen Gehabe versteckte sich hinter den Hormonen. Das Leben war schön.)

»In der Eden habe ich ihr einen Antrag gemacht. War ein guter Platz dafür, die Eden-Bar. Dort hab ich einmal eine Schlägerei gehabt. Mit dem Georg Springer, dem Generalsekretär der Bundestheater. Wir waren beide schon ziemlich angesäuselt und er hat mich beleidigt. Ich bin ja kein sehr streitbarer Mensch, aber da hab ich ihn schon gefragt, ob ich ihm eine in die Goschen hauen soll.

Bitte, hat er gesagt, bitte, hau her, und hat mir sein Gesicht hingehalten. Da hau her, hat er gesagt und immer wieder auf seine Wange gezeigt. Hab ich halt hingehaut. In dem Moment ist seine Begleitung von der Toilette gekommen, diese enge, schmale Stiege rauf, und hat uns gesehen, ist dazwischengegangen und hat mir ihr Handtascherl über den Schädel gezogen, dass ich Sterne gesehen hab, ich hab wild herumgefuchtelt, sie erwischt und ihr einen Rempler gegeben, dass sie die Stiegen wieder runtergeflogen ist, entsetzlich. Ist aber nix passiert, sie hat sich abgebeutelt, und dann ist schon der Schimanko gekommen und hat uns festgehalten, bis eine Ruh war.

Wie ich am nächsten Tag wieder nüchtern war, hab ich mich fürchterlich geniert und befürchtet, dass das alles in der Zeitung stehen könnte. Das wollte ich nicht, wegen meinem Vater und so, wobei da vielleicht eh nix gewesen wär, ich bin ja nicht einmal ein gutes Objekt für einen Karikaturisten, ich habe keine Warzen, nichts Markantes, mein Gesicht gibt so gar nix her zum Zeichnen. Ich hab dem Springer seiner Begleitung Blumen geschickt und mich bei ihm entschuldigt. Er hat sich auch fürchterlich geniert und befürchtet, dass alles in der Zeitung steht. Das wollte er nicht wegen seinem Ruf und so. Er hat sich auch bei mir entschuldigt und sie hat die Blumen genommen. War schon lustig in der Eden. Das ist genau richtig, hab ich mir gedacht, da mach ich der Maria den Heiratsantrag.

Meine Kinder haben sich auf Anhieb mit ihr verstanden. Und die waren in einem heiklen Alter für so was, dreizehn, vierzehn, mitten in der Pubertät. Beim Heurigen in Grinzing habe ich sie ihnen vorgestellt und gesagt, dass ich noch einmal heiraten will. Es war Mai oder Juni und die Maria war sehr nervös. Sie ist da richtig auf dem Prüfstand gewesen. Aber es ist gutgegangen, die versteht sich wunderbar mit ihnen. Mit meiner ersten Frau auch. Die hat sie zum ersten Mal gesehen und entzückend zu mir gesagt: Die ist doch viel zu jung.

Im Sommer hat die Maria dann den *Jedermann* gespielt in Salzburg und ich bin allein mit den Kindern nach Griechenland in den Club Med auf Kos gefahren. Drei Wochen haben wir uns nicht gesehen, ich war verzweifelt. Ständig hab ich sie angerufen und ihr Sachen gezeichnet und sie ihr hingefaxt. Weil ich einfach irrsinnig verliebt war. Und eifersüchtig! Dauernd hab ich gedacht, jetzt wird sie ein Verhältnis haben, mit dem, und mit dem, und mit dem auch noch. Eifersüchtig war ich immer. Und ich war unsicher, ob sie mich überhaupt wollte. Dann ist sie endlich doch gekommen, auf zwei, drei Tage.

Kurz darauf bin ich nach Salzburg gefahren, zu ihrem Vater, um ihre Hand anhalten. Was ja heute kein Mensch mehr macht. Aber ich hab mir gedacht, das gehört sich so. Genauso wie der Mann zahlt. In einem Restaurant zahlt der Mann, so bin ich erzogen worden, das war immer selbstverständlich, dass ich das brenn. Wenn wir kein Geld gehabt haben, sind wir auch nicht fortgegangen. Früher hat die Frau unterm Tisch das Geld durchgeschoben, wenn's ein Jüngerer war, damit er zahlen kann. Heute ist das alles ganz anders. Na ja.

1997 war die Hochzeit. Danach haben wir auch miteinander gearbeitet, weil ich inszeniert hab, und im *Verschwender* sind wir gemeinsam auf der Bühne gestanden. Das ist schon komisch, mit der eigenen Frau spielen. Nicht hinderlich, aber merkwürdig. Wegen ihr bin ich auch in Vorstellungen gegangen, in denen sie gespielt hat. Ich bin ja kein Theatergeher, und mir war sehr fad.

Ich mag da auch nicht zuschauen, wenn meine Frau spielt, und die schmust einen anderen ab. Da gefällt mir vielleicht sogar das Stück, und ich muss mir sie in einer Liebesszene mit einem anderen anschauen, und dann gehen wir nachher in ein Lokal und nach Hause, also nein. Einmal haben wir ein Liebespaar gespielt, in einem Musical im Metropol. Da musste sie natürlich singen und sie verschluckt sich und hat ein Flankerl auf dem Stimmband. Es war furchtbar, die Leute haben schon gelacht.

Ich hab wirklich ein Glück mit der Maria. Das hat mir einmal sogar mein Vater gesagt: Du hast da ein sehr großes Glück gehabt. Ich hab mich immer nach einer Beziehung gesehnt, offensichtlich. Nach einer funktionierenden. Den Glauben daran hatte ich verloren, mit dem Beispiel meiner Eltern vor Augen.

Ich habe der Maria gleich gesagt: Heast, ich bin ein Einzelgänger, einer, der Sehnsucht hat nach Zweisamkeit, aber im Grunde ein Einzelgänger. Und noch dazu so einer, für den Charme kein automatisierter Handkuss ist, sondern die Art wie man einer Frau kein Feuer gibt. Sie kann gut damit.

Obwohl sie ein Familienmensch ist und sehr harmoniebedürftig. Das bin ich nicht. Dass ich selber was tu in der Beziehung, das war eher nicht meins. Auch nicht mit den Kindern, das muss ich sagen, und das habe ich auch mitgenommen in die zweite Ehe, wie dann die Melanie auf der Welt war. Ich habe weitergearbeitet und weitergearbeitet und hab gedacht, es ist eh alles in Ordnung. Ist halt ein Kindermädel da. Ich war schon sehr egoistisch. Es war sicher nicht leicht für beide Frauen. Arbeiten und Kinder aufziehen und Ehefrau sein, das ist nicht einfach.«

(Karlheinz Hackl ist kein Ehemann aus dem Bilderbuch. Die Ehe seiner Eltern hat ihn nicht auf ein harmonisches Zusammenleben vorbereitet.)

»Wir kommen aus sehr verschiedenen Familien, die Maria und ich. Ich aus einem Elternhaus, wo der Vater mehr oder weniger angeschafft hat. Sie ist aus einer Künstlerfamilie. Ihre Mutter ist ein liebevoller Mensch und macht alles für ihren Mann. Manchmal halte ich das gar nicht aus und denke mir, wie geht das? Wie kann man alles so gutheißen? Wie kann man alles einstecken? Wie kann man alles so positiv sehen? Die Maria hat das auch, sie ist eine Optimistin. Ich bin ein Zyniker und ein Pessimist.

Ihr Vater ist Tenor. Den habe ich früher gekannt als die Maria. Aus Salzburg, von der Theater-Kantine, da ist er gesessen und hat so vor sich hin gegrantelt. Der ist kein so ein Optimist wie seine Frau und seine Tochter. Ich weiß noch, wie ich zur Maria gesagt habe am Anfang: Was, Köstlinger heißt du? Aber wir haben ein gutes Verhältnis zueinander. Er ist nur drei Jahre älter als ich, wir sind die gleiche Generation. Wir haben nur ganz verschiedene Geschichten.

Wir sind zwar beide aus armen Verhältnissen und beide am Theater gelandet. Ich als Schauspieler, er als Tenor. Aber ich bin ein Einzelkind aus einem Gemeindebau in Wien, er kommt aus einer Bauernfamilie in der Nähe von Braunau und ist mit elf Geschwistern aufgewachsen, die alle Priester und Nonnen hätten werden sollen. Jedenfalls sind sie alle in die Kirche gegangen und haben dort singen dürfen. Da hat man auch seine Stimme entdeckt. Und später, da war er schon verheiratet, wollte er die Ausbildung machen. Seine Frau, die er in Salzburg kennengelernt hat, war Schwedin, da sind sie nach Stockholm gegangen. Er hat Schwedisch gelernt, wegen ihr und wegen des Berufs.

In Stockholm hat der Ingmar Bergman damals einen Film gemacht. *Die Zauberflöte,* schöner Film mit ganz jungen

Sängern, lauter unbekannte. Die hat er sich direkt von der Schule dort geholt und der Vater von der Maria hat den Tamino gesungen. Kein ganz großer Tenor, aber eine wunderschöne Stimme. Und er war auch ein guter Spieler, das ist ja ungewöhnlich, dass einer beides kann. Schauspieler verkrampfen sich meistens beim Singen, Sänger verkrampfen sich dafür beim Spielen. Mein Schwiegervater war ein Ausnahmefall.

Er hätte eine Weltkarriere machen können. Aber er ist wieder nach Österreich zurück. Er hat Angst gehabt und ist dann nie mehr aus Salzburg weggegangen. Er liebt Salzburg, und seine Frau auch, obwohl es nicht ihre Heimat ist. Aber vielleicht tut's ihm doch leid hie und da. Weil wenn man jetzt was sagt über Schauspieler oder Sänger aus der Provinz, was an sich ja kein Schimpfwort ist, beleidigst du den ganzen Stand. Dann ist er gekränkt. Obwohl er am Landestheater war, seit die Maria nicht einmal ein Jahr war. Sie ist in Stockholm geboren und in einer Theaterwohnung in Salzburg aufgewachsen. Als Kind ist sie dort am Schoß vom Klaus Bachler gesessen, der ist ja auch am Landestheater in Salzburg engagiert.

Mit dem hab ich einen fürchterlichen Wickel gehabt, wie er dann Burgtheater-Direktor war. Dem hab ich gesagt: Ich spiele diese Rolle nicht. Und er hat gesagt: Doch! Und ich hab gesagt: Nein! Und dann wollte er ein Exempel statuieren, sein Gesicht nicht verlieren und hat gesagt: Einer von uns beiden ist da falsch am Platz! Da hat er geglaubt, ich will Direktor werden, weil er das läuten gehört hat.

Ich muss zugeben, ich hab das tatsächlich vor dem Bachler seiner Ära einmal gedacht, wie noch der Peymann Direktor war: Wenn der das nicht mehr macht, mach ich das. Es wäre mir lieber gewesen als die Nachfolge vom Helmuth Lohner in der Josefstadt, die ich dann nicht gekriegt habe, und wo alle sagen, dass das der Auslöser meiner Krankheit war. Sicher, das hat mich schon geehrt und mir geschmeichelt und ich hätte mich ordentlich hineingeschmissen. Ein kleines Haus mit wenig Geld, das ist besonders schwer. Man muss sehr viel Fantasie haben, um dort spannendes Theater zu machen, und ich habe auch eine gute Hand für junge Leute. Petra Morzé, Herbert Föttinger, Gertrud Drassl, auf die habe ich aufmerksam gemacht. Aber die Josefstadt war nie mein Ziel. Und ihretwegen bin ich auch nicht krank geworden.

Der Streit mit dem Bachler über die Rolle war in Wahrheit eine viel extremere Situation. Weil er hat mir dann die Gage gekürzt um die Hälfte. Da war ich wirklich fertig, weil ich nicht gewusst habe, wie ich alles zahlen soll mit halb so viel Geld. Damals hätte ich krank werden müssen, wenn man schon davon ausgeht, dass die Arbeit einen Gehirntumor auslösen kann.«

(An Arbeit hat es Karlheinz Hackl nie gefehlt. Er spielte, er inszenierte, er unterrichtete am Reinhardt-Seminar, er hielt Lesungen. Und alles betrieb er, als wäre es sein einziger Job. Irgendwie war es auch so. Weil man sich beim Inszenieren ein Stück überlegen muss und nicht nur anschaffen kann. Und weil man als Schauspieler einen Text erarbeiten muss und nicht nur lernen.)

»Man beginnt mit einer Leseprobe und liest das Stück sagen wir einmal in zwei Tagen. Alle sitzen an einem langen Tisch, lesen ihre Rollen und irgendwann fangen die szenischen Proben an. Dazwischen versucht man, den Text zu lernen, und beginnt zu probieren. Auf die Art geht man das ganze Stück durch und spielt zwangsläufig die Szenen immer wieder, stundenlang. Allein durch diese Durchgänge merkt man sich Text.

Die Proben dauern sechs bis acht Wochen, oder länger. Früher hat man ein Stück in drei oder vier Wochen rausgeschmissen. Man hatte keine eigenen Räume, man hat auf dem Lusterboden im Theater probiert und ist erst zur ersten Hauptprobe auf die Bühne gegangen. Jetzt hat man als Ausweichquartier das Wiener Arsenal, einen riesigen Gebäudekomplex, und stellt dort eine Eins-zu-eins-Bühne hin, im Arsenal kann man das Burgtheater ja zweimal aufbauen.

Überhaupt hat man alles zur Verfügung, das ist ein großer Vorteil, im Gegensatz zu der unendlich langen Probenzeit. Die ist ein Nachteil, weil da viel Zeit totgeschlagen wird. Mit elendslangen Diskussionen, was eigentlich nicht sichtbar wird nach unten, fürs Publikum. Jeder Schauspieler spielt seine Macht aus und misst sich mit dem Regisseur. Es wird endlos gequatscht, einfach, weil Zeit da ist.

Der Druck, den man früher hatte mit nur drei Wochen bis zur Premiere, war auch manchmal furchtbar. Aber manchmal auch sehr gut. Vor allem hat man sich sehr viel Geld gespart und das Ergebnis war nicht so schlecht.

So viel man sich vom Text bei den Durchgängen merkt, lernen muss man ihn trotzdem noch zu Hause. Oder zwischen Probe und Vorstellung. Oder in der Nacht, wie das der Kurt Sowinetz zum Beispiel gemacht hat. Der hat am Vormittag geprobt irgendwo im Volkstheater, am Nachmittag hat er gedreht, irgendeinen Film beim Erich Neuberg, beim Qualtinger, und am Abend hat er Vorstellung gehabt, wieder am Volkstheater. In der Nacht hat er seine Rollen gelernt. Seine Frau hat ihm die Füße in ein Lavoir mit kaltem Wasser gestellt, damit er nicht einschläft. Dann hat sie ihm einen schwarzen Kaffee gegeben, den Text abgefragt und ihn geprüft. Das ist auch nicht gesund.

Jeder hat halt seine eigene Methode. Ich habe mir immer gesagt, ich muss einen Monat vor der Premiere den ganzen Text auswendig können. So habe ich mir das zurechtgelegt. Spätestens drei Wochen vor der Premiere soll man wirklich alles können, weil man sonst zu sehr am Text hängt und nicht frei ist. Ich kenne aber Kollegen, die haben das Textbuch noch bei der Generalprobe dabei. Wenn ich ein Lied einstudiere, muss ich es fünfzigmal gesungen haben. Dann erst hab ich ein Gefühl, und wenn ich hänge, fällt mir der Text auch wieder ein. Musik ist beinhart. Da gibt es Einsätze. Wenn der Text nicht da ist, spielen die Musiker trotzdem weiter.

Den Text der anderen kann ich nicht auswendig, so wie damals in der Schauspielschule. Man kennt nur die Stichworte. Wenn die anders kommen, ist das furchtbar. Kommt aber gelegentlich vor, wenn einer plötzlich irgendwo hingeht, wo er nicht soll, oder irgendwas sagt, was er nicht muss. Da sprechen Kollegen manchmal so autistisch vor sich hin, und man weiß nicht, wann man drankommt. Andere stampfen mit dem Fuß auf und zischen: Sag was!, wenn sie selber hängen.

Die Zuschauer haben oft falsche Vorstellungen. Die glauben, die auf der Bühne piperln sich in der Kantine an, treffen sich und spielen halt. Aber so ist es nicht. Es ist mitunter mühsam. Es ist oft ärgerlich. Es ist harte Arbeit. Da übst du deine Rolle tausendmal, bis du sie endlich einmal drinnen hast, und dann musst du das auch noch spielen.

Man hat natürlich seine Hilfsmittel. Früher hat man sich

intensiver geschminkt, sich zwei rote Punkte links und rechts von der Nasenwurzel gemalt, dass man die Leute zwingt, dort hinzuschauen, und weil er angeblich die Augen intensiver betont. In den Sechzigerjahren war das wieder verpönt, da hat man sich überhaupt nicht geschminkt, zumindest die Männer. Die Frauen nur ein bissel. In der Josefstadt hat der Schenk die Frauen unter die Wasserleitung gehalten, damit sie sich die Schminke runterschmieren. Eine Bäuerin schminkt sich nicht, hat er gesagt. Jetzt schminkt man sich am Burgtheater normal. An der Oper braucht man ein bissel mehr Farbe, mehr Schattierungen, weil die Leute weiter weg sind, hinter dem Orchestergraben.

Bärte müssen die Maskenbildner heute schon bei der Leseprobe anpicken, weil man sich daran gewöhnen muss während der Proben, sonst irritiert er einen bei der Premiere. Früher hast du den Bart erst kurz vor der Vorstellung gekriegt. Man kann sich auch einen Stock zulegen. Weil man in der Rolle ein Fußleiden hat oder weil man älter ist oder ein Dandy. Ich lasse mir immer Säcke in die Biedermeierhosen machen, die eigentlich keine haben, damit ich weiß, wo ich mit den Händen hin soll. Frauen haben oft ein Taschentüchel in der Hand, das sie kneten können.

Und man schaut sich auch viel ab und übernimmt Bewegungen. Vom Joachim Bißmeier, dessen Kollege ich lange war, habe ich mir so eine rotierende Geste mit der Hand abgekupfert. Eine Zeit lang hat mir das Englische so gut gefallen, da habe ich statt einem I immer ein E gesagt. Ein Eeeeehhh. Also nicht Ich, sondern Eeeeeeech. Das habe ich zwei Jahre so gemacht, irgendwie hatte ich da eine größere Stimme. Dann bin ich draufgekommen, dass es

Mittelschule: *»Robinson Crusoe darf nicht sterben«* (Daniel Defoe)

Krems/Gozzoburg: *Michael Kohlhaas* (Heinrich von Kleist); Regie: Hans Gratzer; Rolle: Kunz

Volkstheater: *Wahnsinnig glücklich* (Helmuth Zenker); Regie: Rudolf Jusits

Burgtheater: *Wie es euch gefällt* (William Shakespeare); Regie: Terry Hands; Rolle: Orlando. Mit Andrea Jonasson

Burgtheater: *Der Tartuffe* (Molière); Regie: Rudolf Nölte; Rolle: Valere

Volkstheater: *Faust* (Johann Wolfgang von Goethe);
Regie: Gustav Manker; Rolle: Lynkeus

Silvestermatinee: Das *Zigarettenlied* aus Orloff

Film: *Assisis Underground* mit Maximilian Schell

Akademietheater: *Olympia* (Franz Molnar); Regie: Rudolf Steinböck; Rolle: Barnay. Mit Elisabeth Augustin, Susi Nicoletti, Fred Liewehr, Gusti Wolf

Burgtheater: *Die Mutter* (Bertolt Brecht); Regie: Manfred Karge; Rolle: Lehrer

Burgtheater: *Don Juan* (Molière); Regie: Benno Besson;
Rolle: Don Juan. Oben mit Robert Meyer,
unten mit Kurt Sowinetz

Burgtheater: *Der Unbestechliche* (Hugo von Hofmannsthal); Regie: Rudolf Steinböck; Rolle: Jaromir. Oben mit Paula Wessely, unten mit Helma Gautier

Akademietheater: *Die Schwärmer* (Robert Musil); Regie: Erwin Axer; Rolle: Anselm. Mit Gertraud Jesserer

Burgtheater: *Die Räuber* (Friedrich Schiller); Regie: Rudolf Jusits; Rolle: Karl Moor

Volkstheater: *Adam und Eva* (Peter Hacks);
Regie: Fritz Zecha; Rolle: Satanael

Burgtheater: *Der Volksfeind* (Henrik Ibsen); Regie: Claus Peymann; Rolle: Stockmann. Oben mit Wolfgang Gasser, unten mit Kurt Sowinetz

Burgtheater: *Umsonst* (Johann Nestroy); Regie; Achim Benning; Rolle: Arthur. Oben mit Robert Meyer

Burgtheater und Salzburg:
Der Schwierige (Hugo von Hofmannsthal);
Regie: Jürgen Flimm;
Rolle: Kari Bühl

Volksoper: *La Cage aux Folles* (Jean Poriet);
Regie: Heinz Ehrenfreund; Rolle: Zaza.
Unten mit Frank Hoffmann

Akademietheater: *Platonow* (Anton Tschechow);
Regie: Achim Benning; Rolle: Platonow

Burgtheater: *Der Zerrissene* (Johann Nestroy);
Regie: Georg Schmidtleitner; Rolle: Herr von Lips

oft gescheiter ist, leiser zu sein. Verständlich schon, aber leiser.

Hänger im Burgtheater sind sehr peinlich, insbesondere wenn man mitten auf der Bühne steht, weil die Souffleuse, es sind ja vorwiegend Frauen, irrsinnig weit weg ist, bis zu fünfzehn Meter. Meistens in der Gasse, oder sie sitzt in der ersten Reihe und ist beleuchtet. Bei den modernen Inszenierungen überhaupt, weil der Souffleurkasten das Bühnenbild stört. Die Souffleusen sind ja grundsätzlich arm, mit denen ist keiner zufrieden. Die einen wollen, dass sie dauernd einsagen, den anderen flüstern sie wieder zu viel zu und bringen sie aus dem Konzept, weil sie den Text eh können. Man verlangt praktisch von ihnen, dass sie schon einen Satz vorher riechen müssen, dass man hängt. Die Souffleuse kriegt immer das Fett weg. Ich wollte mich nie auf eine Souffleuse verlassen.

Die Kollegen sind auch nicht die Retter in der Not. Direkt auf der Bühne wird eigentlich kaum oder nur sehr wenig geholfen. Es sei denn, einer spricht irgendeinen komplett anderen Text weiter, bis du dich erfangen hast. Aber es kommt ganz selten vor, dass einem wer was zuflüstert. Nicht aus Bosheit, sondern weil es um Zehntelsekunden geht und jeder auf sich selber konzentriert ist. Und man erschrickt auch, wenn ein anderer einen Hänger hat.

Ich muss ehrlich sagen, die Angst, dass ich hänge, ist immer noch da. Immer. Die bleibt auch bei der fünfzigsten Vorstellung. Manches kannst du kaschieren, aber irgendwann merken es die Leute doch, und dann werden sie unruhig. Die Angst ist immer dabei. Vor Hängern. Vor Flops. Und vor der eigenen Courage. Kann man es? Schafft man es? Ist man gut genug?

Wie mich die Emmy Werner angerufen und gefragt hat, ob ich nicht auch einmal etwas inszenieren möchte, hab ich sofort gesagt: Vielleicht kann ich das gar nicht. Aber ja, hat sie gesagt, probier's einmal. Dann habe ich *Brooklyn Memoiren* inszeniert, meine erste eigene Arbeit im Volkstheater.

Als Regisseur bin ich ein sanfter Mensch. Ich war noch nie böse zu einem Schauspieler. Ich hab mich schon geärgert über eine Szene. Aber nur wenn mich keiner gesehen hat. Ich habe nie einen Schauspieler fertiggemacht. Ich hab nie wen nachgeäfft, wenn einer eine Szene noch nicht so hingekriegt hat. Das habe ich nicht gemacht. Weil es nichts bringt. Dadurch wird der nur noch verkrampfter. Man weiß es von sich selber. Man hat schreckliche Angst, wenn man einen Text zum ersten Mal sagt. Man kennt sich noch nicht aus. Man hat tausend Füße und tausend Hände.

Und keine Zeit. Mein Tagesablauf war ein Staffelrennen. Ich bin aufgestanden um acht, war um neun im Theater und habe mich eingelesen, weil um zehn die Proben begonnen haben.

Wenn man keine Vorstellung hat, kann man probieren bis vier, was selten vorkommt. Also probiert man bis drei, dazu hat der Regisseur das Recht. Früher war das vom Betriebsrat sehr streng geregelt. Aber die Betriebsräte in der Stärke gibt es nicht mehr. Betriebsräte und Ensemblevertretung sind nicht abgeschafft, aber lange nicht mehr so mächtig, wie sie einmal waren. Egal.

Man probiert also bis drei. Sofern man keine Vorstellung hat. Wenn man eine Vorstellung hat, probiert man bis zwei, damit man eine Pause hat, bevor man am Abend auf die Bühne geht. Darauf nimmt der Regisseur Rücksicht.

Ich habe keine Pause gehabt, bevor ich auf die Bühne gegangen bin. Ich bin von den Proben weg und aufs Reinhardt-Seminar. Dort unterrichte ich, immer noch. Zwei-, dreimal die Woche.

Danach hab ich ein paar Erledigungen gemacht, ein Kind irgendwo abgeholt oder irgendwohin gebracht, mich mit jemandem getroffen oder Text gelernt.

Dann bin ich schnell ins Theater gefahren und habe irgendeine Rolle gespielt. Meistens eine große.

Nach der Vorstellung, und ich habe nahezu jeden Tag gespielt, bin ich in der Kantine gesessen und hab noch ein, zwei Achterl getrunken. Meistens mit dem Kurt Sowinetz.

Um Mitternacht bin ich heimgekommen. Da kannst du natürlich auch nicht gleich schlafen. Weil du zu aufgedreht bist. Und außerdem hab ich ja noch irgendwann verheiratet sein müssen.

Ich hatte Erfolg. Auf der ganzen Linie. Ich hatte die Kainz-Medaille. Ich hatte eine Romy. Ich hatte eine Nestroy-Nominierung als bester Schauspieler. Ich habe es meinem Vater gezeigt. Ich bin aus dem Gemeindebau herausgekommen. Ich hatte ein Haus. In Grinzing. Mitten in der Tussengegend, die früher so unerreichbar weit weg war. Ich war in einer anderen Welt angekommen.

Ich war am Burgtheater. Ich habe den Zerrissenen gespielt. Ich habe den Platonow gespielt. Ich war der Entertainer.

Ich hatte genau die Rollen, die mir so gelegen sind. Gebrochene Existenzen. Trinker.

Ich habe mich erkundigt, wie das ist, wenn man trinkt.

Wie das ist, wenn ich als Platonow die Kastentüre aufmache und mir die Flaschen entgegenfallen.

Als Entertainer war ich immer angesoffen. Über Akte hinweg habe ich den Besoffenen gespielt.

Ich habe ihn gut gespielt. Ich bin getorkelt. Ich habe gelallt. Ich habe kaum mehr stehen können. Ich bin hingefallen. Das Publikum hat geglaubt, ich bin angesoffen. Die Kollegen haben geglaubt, ich bin angesoffen.

Aber ich war nicht angesoffen. Ich hatte einen Tumor hinter dem Ohr. So groß wie ein Ei.«

Kurze Pause.

Einen Augenblick verharren die Zuschauer auf ihren Sitzen. Sie fixieren den schweren, roten Vorhang, der gerade gefallen ist und noch nachschwingt. Dann hat man das Gefühl, es beginnen alle gleichzeitig zu sprechen. Es wispert, es flüstert, es zischelt. Es kommt Bewegung in die Reihen.

Man drängt hinaus. Nur ein paar bleiben sitzen. Erlauben? Verzeihung. Vielen Dank. Man kommt nicht recht weiter in den Gängen. Die einen biegen zu den Toiletten ab, die anderen suchen eine Raucherecke. Nein, mein Herr, sagt der Billeteur, das ist hier leider nicht mehr gestattet. Wenn Sie bitte draußen, vor dem Eingang.

Im Buffet knäuelt man sich vor der Vitrine. Glaserl Sekt, gnä' Frau? Die Chefin hinter dem Tresen hat schon die Flöten vorbereitet. Ein junger Mann mit langer, weißer Schürze um die Hüften gießt ein. Ein paar Tropfen gehen ihm daneben.

Die ersten Theaterbesucher haben ihre Getränke und balancieren sie an einen Stehtisch. Man nimmt schnell den ersten Schluck, es ist heiß im Raum.

»Weiß man gar nicht, was der alles gemacht hat, der Hackl«, sagt die Brünette, »der ist mir immer so ruhig vorgekommen.«

»Also, ich hab das schon gewusst«, sagt die Kokette, »meine Friseurin hat mir das erzählt, die kennt eine Masseuse, und von der die Schwester ist Souffleuse, die hat immer gesagt: Was das für ein Arbeitsviech ist, der Hackl.«

»Ja, aber diese ganzen G'schichten mit dem Vater«, sagt die ganz Nette, »dass das so eine übermächtige Figur war für ihn, das hat man nicht gewusst.«

»Na«, sagt die Adrette, »ausgeschaut hat er mir immer so, als wär da was. Irgendwie hat's bei dem gebrodelt unter der glatten Oberfläche.«

»Geh, was du schon wieder red'st, lauter – hoppla! Können S' nicht aufpassen, Sie!« Ein Korpulenter hat sich so an ihr vorbeigewuzelt, dass sie sich fast den Schaumwein ins Handtascherl geschüttet hätte.

»Die Leut heutzutage, tsss.« Die Adrette wischt sich die Hand an der Koketten ab. »Ich hab ihn ja noch gesehen, den Hackl, im *Zerrissenen*, bevor das alles war. Schon ein Unterschied, muss man sagen. Wie er jetzt wieder präsent ist. Gewaltig. So wie er wieder auf der Bühne steht.«

»Mich beeindruckt das sehr«, sagt die Brünette, »ich meine, Tumor, so was muss doch wehtun. Da gibt's Schauspieler, die bleiben mit einem Hühneraug daheim. Und er ist ja ein Mann, die sind eh so wehleidig. Schau, die ganzen Leute gehen schon wieder rein. Sollen wir nicht auch?«

Zweiter Aufzug

(Die Kulisse ist gleich geblieben. Der einfache Holztisch in der Mitte der Bühne, darauf die Leselampe mit dem grünen Schirm, ein Mikrofon, eine Karaffe Wasser, ein Glas und die beiden Bücher. Nur, auf dem Sessel sitzt jetzt eine Puppe. Sie sieht aus wie Karlheinz Hackl und symbolisiert ihn als Gesunden. Die Zuschauer brauchen ein paar Sekunden, um zu erkennen, dass sie eine Puppe vor sich haben. Karlheinz Hackl betritt die Bühne. Er trägt ein weißes Krankenhaushemd. Er nimmt den Sessel mitsamt der Puppe und stellt ihn drei Meter entfernt rechts neben den Tisch. Dann holt er sich einen zweiten Sessel an den Tisch und setzt sich.)

»Schauts ihn euch an, wie er dasitzt, der, der früher Karlheinz Hackl war.«

(Der Hackl im weißen Krankenhaushemd deutet auf die Puppe.)

»Eine Attrappe. Ein bewegungsloser Wurschtl. Schauts ihn euch an, damits ihn nicht vergessts. Weil ich bin jetzt der Hackl. Ich hab seine Rolle übernommen im Leben. Ich bin der Kranke. Ich habe nichts mehr von diesem Bonvivant, für den mich alle gehalten haben. Ich bin eine tragische Figur. Jemand, dem das Schicksal eine unappetitliche Rolle zugeschrieben hat. Und jetzt lese ich.«

(Der Hackl im weißen Krankenhaushemd hat sich von seinem einstigen Ich losgelöst. Ein Geist, der sich verselbstständigt. Er zieht das Buch rechts von ihm zu sich her und schlägt es auf. Es ist die Geschichte von Karlheinz Hackls zweitem Leben. Sie beginnt im Jänner 2003.)

Hackl war nicht mehr er selbst. Er lag daheim auf dem Sofa, krümmte sich vor Schmerzen. Keiner hatte ihm geglaubt, dass da etwas nicht stimmt. Er hatte an Gewicht verloren und klagte immer öfter über Magenschmerzen. Intensive Stiche. Er konnte kein Frühstück essen, die Cornflakes schmeckten wie Reißnägel, das Müsli wie Spachtelmasse. Sein Kopf fühlte sich an, als würde da drinnen eine Zeitbombe ticken.

(Die Puppe sitzt regungslos auf dem Sessel. Sie wird sich lange nicht bewegen.)

Am frühen Nachmittag fuhr Hackl ins Burgtheater. Probe für John Osbornes *Entertainer,* die Geschichte des abgetakelten Conférenciers Archie Rice, eines kleinen Unterhalters, der dem Alkohol verfallen ist und seine Familie ruiniert. Hackl trank viel Wasser und Tee. Wein und Schnaps wären nicht vorteilhaft gewesen, beim Probieren. Man kann keinen Besoffenen spielen, wenn man trinkt. Er verausgabte sich immens. Ging absolut an die Grenzen, auch des Physischen. Zwischendurch musste er sich immer wieder übergeben.

Er dachte, es habe etwas mit dem vielen Wasser und den Unmengen von Früchtetee zu tun. Wird wohl damit zusammenhängen, mit der Verdünnung des Blutes oder der Magensäure, ein PH-Wert, der zwickt. Wahrscheinlich irgendwas mit den Eingeweiden. Seit seinem fünfzehnten Lebensjahr hatte er in regelmäßigen Abständen Zwölffingerdarmgeschwüre. Er dachte, na ja, hab ich wahrscheinlich einen Helicobacter oder wie das heißt. Und er erbrach nach jeder Vorstellung. Er spielte nebenbei *Der Zerrissene* von Nestroy. Probierte wieder den *Entertainer*. Arbeit, ich muss arbeiten, spielen, probieren, probieren, spielen, probieren. Und immer diese Schmerzen. Muss vom Magen kommen.

Hackl ging zu namhaften Ärzten, von Pontius zu Pilatus,

nichts kam dabei heraus. Sie sind absolut gesund, sagte man ihm. Seine Frau machte sich unglaubliche Sorgen. Dass er ein Workaholic ist, ein rasendes Arbeitstier, war für sie nichts Neues. Aber was da mit ihm passierte, konnte nichts mit einem Burn-out zu tun haben. Zu viel Arbeit hatte es für Karlheinz Hackl nie gegeben.

Er sagte immer wieder: »Maria, das gibt's doch nicht, das gibt's doch nicht, da muss doch irgendetwas sein.«

Die Ärzte hatten gesagt, nein, ganz sicher, da ist nichts. Der Marker wunderbar, alles in Ordnung. Hackl bekam ein Gespür dafür, wie es ist, als Hypochonder verschrien zu sein. Was allerdings keiner untersucht hatte, waren die Gehirnströme.

Die Zeit zwischen, vor oder nach den Konsultationen folgte keinen linearen Richtlinien. Das Gestern verschwimmt mit dem Morgen und das Heute war längst wieder vergessen. Als einzige Konstante blieb das Theater.

Er spielte mit Birgit Minichmayr, Robert Meyer, Branko Samarovski. Das waren Hackls Hauptpartner in der Zeit. Er spielte gern, es war anstrengend, keine Frage, aber er ließ sich so gern auf etwas ein. Warf sich hinein mit Verve und ging ganz darin auf. Versuchte, alles möglich zu machen. Passt das Bühnenbild? Ob das geht? Den Leuten hat's gefallen. Hackl verkleinerte sich in seinem Mikrokosmos der Perfektion. Er kreiste um seine Rolle wie ein nervöses Elektron. Bis ins letzte Atom der Darstellerkunst musste alles auf dem Punkt sein. Jede noch so kleine Winzigkeit. Äußerlichkeiten sind wichtig. Die Fingerspitzen, die Augenbrauen, ein Schulterzucken. Theater ist Liebe zum Detail.

(Die Puppe rührt sich keinen Millimeter.)

Hackl spielte und spielte und spielte. Zehnmal hintereinander, mit fahlem Gesicht. Seine Speiseröhre fühlte sich an wie ein Lötkolben. Er konnte schon tagelang kein Essen mehr behalten. Er taumelte, fing sich, spielte weiter. Maria Köstlinger mischte sich ein.

»Jetzt hörts endlich auf, meinen Mann da rauszuschicken!«, schrie sie. »Ich möchte, dass er nicht mehr arbeitet. Er kann nicht mehr gehen!«

Hackl lebte seinen Wachtraum, sprach wie in Trance. Repetierte sein Mantra.

»Ich schaff es schon, ich mach das schon.«

Er hatte den *Zerrissenen* gespielt und war selbst längst nicht mehr eins mit sich. Entzweit. Gespalten. Er hatte den *Entertainer* geprobt und unterhielt damit bloß seine Arbeitswut. Dazwischen klappte er zusammen, krachte auf den Boden, kurz bewusstlos. Als er wieder bei Sinnen war, beutelte er sich ab, machte er weiter.

In gewisser Weise konnte der kranke Hackl tatsächlich nicht aufhören. Der *Entertainer* war für ihn eine extrem wichtige Rolle. Das Publikum liebte ihn als heruntergekommenen Charakter. Man wusste, dass er ein wandlungsfähiger Schauspieler ist, und zwiespältig. Fesche Strizzis wie der Liliom, dekadente Lebemänner von Schnitzler oder Hofmannsthal. Man hatte ihn als Transvestiten beklatscht, in *La cage aux folles*.

Im Burgtheater, während einer Vorstellung des *Zerrissenen*, wurde Hackl schwummrig. Von der Oberbühne musste er in den Keller, hinunter, wieder hinauf. Spielen, agieren, darstellen, aus sich herausgehen. Das Publikum verschwamm zu einem milchweißen Schemen. Die Sicht gerann. Die Kollegen sagten, mit dem kann man nicht mehr spielen. Hackl brach zusammen. Das Publikum hielt den Atem an. Arbeiter eilten zu Hilfe, trugen ihn fort. Alles war still. Geschockt. Auch die Kollegen. Der große Mann, ein Häufchen Elend. Abtransportiert wie eine Requisite.

Und dann kamen die Leute und plapperten. Ja, er ist überarbeitet und ein Workaholic sowieso, und er hat vielleicht ein nervliches Problem wegen der Rolle, außerdem hat er es wahrscheinlich nie verkraftet, dass er nach dem Helmuth Lohner nicht Direktor der Josefstadt geworden ist, und natürlich, der Hans Gratzer hat ihn ausgestochen, und offenbar war die Schmach so groß, dass sich das schwer auf die Gesundheit ausgewirkt hat, was für ein armer Mann, so krank hat er ausgeschaut in letzter Zeit, kann einfach nicht loslassen, muss immer weitertun, wie ein Hamster im Laufrad.

»Seids ihr alle wahnsinnig?!«, fuhr seine Frau dazwischen. Das Geplapper verstummte.

Aber nur kurz. Die Fama machte die Runde. Gewiss ein Schwächeanfall, tuschelte die Kollegenschaft an den Wiener Bühnen. Sie waren sicher: Na was denn, hängt das mit der Josefstadt zusammen, weil der das nicht wollte, der Mailath-Pokorny, dass der Hackl Direktor wird.

Er selbst glaubte nie, dass hinter seinen Aussetzern eine ungewollte Personalrochade steckte. Nichts Psychosomatisches. Hackl hatte selbst für seine Verhältnisse viel gearbeitet, das schon, wahrscheinlich viel zu viel. Aber bloß ein Ärger in der Josefstadt? Wo er sogar das an der Burg durchgestanden hat, damals, als ihm der Bachler die Gage gekürzt hat. Er stand unter permanentem Druck, mehr Bar, als ein Mensch auszuhalten imstande ist, und das

Ventil pfiff schon lange. Diese entsetzlichen Kopfschmerzen, vor allem diese Übelkeitsanfälle, sie hörten nicht auf, im Gegenteil, sie wurden schlimmer.

»Maria«, sagte er daheim zu seiner Frau, »irgendwas stimmt nicht mit mir.«

Dann kamen die Schwierigkeiten mit der Koordination dazu. Links war nicht mehr dort, wo es einmal war, oben schien unten, rechts war plötzlich auf der anderen Seite, vertauscht, oder umgekehrt? Physikalische Gesetze galten nicht. Die Welt verlor an Farbe und er den Bezug zu ihr.

Man sieht nichts und man weiß nichts. Und es ist nichts?

Beim Reden merkte man es nicht, aber beim Gehen. Der kranke Hackl kam die Stiegen zu seinem Haus am Schreiberweg in Wien-Döbling nicht mehr hinauf. Seine Frau musste ihn stützen.

»So, aus«, sagte sie, »es ist genug.«

Vor lauter Verzweiflung rief sie ihren Gynäkologen an. Magnetresonanz. Hat er schon eine Magnetresonanz gemacht? Computertomografien hin und her. Die medizinischen Begriffe waren ihr einerlei. Der Arzt bestand darauf. Da ist was im Kopf, das gibt es gar nicht anders, bring ihn sofort zu irgendeiner Magnetresonanz.

Sie fuhren in die Privatklinik Döbling, Heiligenstädter Straße. Dort, wo Hackl immer seine Gesundenuntersuchungen hatte machen lassen. Wegen der Vorsorge. Die Glastür der Klinik schwang auf.

»Der Kurt Sowinetz ist hier gestorben«, sagte er zu seiner Frau.

Sie schwieg.

Die Dame an der Rezeption war blond und hilfsbereit. Ja, bitte? Maria sprach von einem Notfall, Akutbehandlung, beharrte auf die Magnetresonanz. Hackl gab seine Daten beim Check-in ab, wie im Hotel, wurde weitergebeten, hier, bitte, geradeaus, den Gang entlang und dann rechts. Er wurde an die Maschine angeschlossen, die Tests wurden abgewickelt, übliches Prozedere. Später dann dieser Blick, diese professionelle Ernsthaftigkeit, die Kühle in der Stimme, mit der auch der Arztbrief diktiert wurde: Ja, jetzt haben wir es gefunden. Er hat einen Gehirntumor. Der muss sofort raus.

Die Diagnose wurde am 2. April 2003 gestellt, die Operation für zwei Tage später angesetzt.

(Kurz wirkt es, als würde die Puppe ein bisschen zucken. Aber sie reagiert nicht.)

Die Angst ließ ihn in eine Art Schockzustand fallen. Hackl erinnerte sich plötzlich an nichts mehr. Die Natur hat, was das betrifft, gute Einrichtungen. Schutzmechanismen. Das Hirn blendet den Schrecken aus. Niemand hatte ihm ins Gesicht gesagt: Herr Hackl, Sie haben Krebs. Oder doch? Nein, sicher nicht. Dieses Wissen fehlte vollständig. Auf dem Arztbrief stand B-Zellen-Lymphom. Irgendetwas regte sich in Hackl, keine innere Stimme, eher ein graues Rauschen, dazwischen Informationsfetzen: schwarz auf weiß … ziemlich groß, am Kleinhirn … Sprachzentrum, wenn der Tumor gutartig ist und auf ein Zentrum drückt … ziemlich ungut, wächst immer wieder nach, dauert lange … unter Umständen kann man auch sterben … aber wenn der Tumor bösartig ist, dauert's auch … bedeutet Operation, und dass sich das Wasser im Gehirn andere Wege sucht … in der Zeit haben Sie einen Drall, wir …

Und dann ging alles ganz schnell. Sofort in die Rudolfstiftung, gleich der nächste Termin. Man wusste noch nicht, ob es ein gutartiges Geschwür oder Krebs war. Klar war nur, es ist ein Tumor. Und er muss operiert werden.

Seltsame Gedanken flirrten durch den Kopf. Gedanken an die Endlichkeit, das jähe Aus. Kommt da wirklich dieses Licht? Wird man aus dem eigenen Körper heraustreten, emporschweben und sich von oben sehen? Oder Herkömmliches: Was der Schädel alles aushält. Stell dir vor, so ein Riesentrumm, schiebt alles durcheinander, drückt auf alles drauf, drinnen im Hirn. Unglaublich. Was Hackl erspart blieb, war dieser Satz, den man mehr fürchtet als den Tod: Sie leben noch sechs Wochen, wenn's gut geht, zehn. Gab man Krebskranken nicht eine Frist? Etwas, worauf sie sich einstellen konnten. Damit man noch schnell einen Karibikurlaub buchen konnte oder den Abschied planen.

»Maria«, sagte er, »ich brauche meine Papiere, die müssen alle ins Krankenhaus. Weil ich muss irgendwie wegen dem Testament schauen.«

Krankenhaus. Eingriff. Dokumente. Ein Testament. Maria Köstlinger hatte überhaupt keine Ahnung von diesen Dingen. Vor solchen Operationen musste man bestimmte Erklärungen unterschreiben. Dabei konnte sie sich nicht einmal auf das Hier und Jetzt konzentrieren. Zum Beispiel auf die schwarzhaarige Bestrahlungsspezialistin, die ein Pfleger geholt hatte. Irgendjemand sagte: Wenn es bösartig wäre, wäre das nicht sie, sondern der Onkologe. Überall Informationen, aber nichts, woran man sich festhalten konnte. Nichts Greifbares.

Die Bestrahlungsspezialistin erklärte etwas, das Maria

Köstlinger nicht verstand. Ja, beim Bestrahlen und so weiter kann dann eine gewisse Sensibilität auftreten, man kann wetterfühliger werden. Sie sprach von harmlosen Möglichkeiten, als ginge es um einen beleidigten Blinddarm oder einen angeknacksten Meniskus. Dann machte sie eine Andeutung. Es können Schäden bleiben. Maria dachte, was ist jetzt eigentlich, was kann man tun, um dem entgegenzuwirken, hat sie nicht gerade was von Wetterfühligkeit gesagt? Aber der Satz blieb hängen.

Es können Schäden bleiben.

Hackls Frau blieb keine Zeit nachzudenken. In Ausnahmesituationen reagiert der Körper automatisch. Man stellt keine Fragen, man handelt wie eine Maschine. Papiere unterschreiben, was wie passieren könnte, alles diente dem Zweck, Versicherungen und Ärzte zu schützen. Durch dieses Tempo, hier und da und gleich und sofort, wusste sie: Das muss jetzt sein. Das ist jetzt so, und fertig.

(Die Puppe starrt unbeirrt ins Publikum.)

Der Schock hatte Hackl in eine Parallelwelt katapultiert. In seinem Universum gab es nur einen Gefühlszustand. Angst. Was wird mit mir geschehen? Wie fühlt sich der Tod an? Gibt es ein Leben danach? Was wird aus meiner Frau? Was wird aus unserer Tochter? Die Melanie ist noch so klein. Wer wird ihr sagen, dass der Papa nicht mehr da ist? Dass er im Himmel ist, und nein, von dort kommt er nie wieder zurück. Was wird aus meinen beiden anderen Töchtern, Franziska und Stefanie, den Kindern aus meiner ersten Ehe? Wer wird an meinem Grab stehen? Wird überhaupt wer an meinem Grab stehen?

In dieser Nacht konnte er nicht schlafen. Der Tod ist ein erstaunlicher Muntermacher, und die Angst ist seine böse, kleine Schwester. Sie flüstert: Vielleicht überlebst du das, vielleicht auch nicht. Die Chancen sind nicht sonderlich gut. Immerhin vorhanden, das schon, aber vierzig Prozent Überlebenschance, was heißt das? Rechne nach. Dass von zehn Menschen nur vier überleben. Gehörst du zu den vier Glücklichen, klopfen dir alle auf die Schulter, prima gemacht. Bist du einer von den sechs Pechvögeln, sagen die Ärzte deinen Angehörigen: Wir haben alles versucht.

Das Geschwür musste sich schon lange in seinem Kopf eingenistet haben. Kann sein, dass es seit Monaten da war. Ziemlich groß soll es sein, eigentlich unglaublich, wie groß. So groß wie ein Ei oder der Kopf einer Kobra. Hackl fand es befremdlich, dass die im Spital nie draufgekommen waren. Allerdings. In der Familie hatte es nie einen Krebsfall gegeben. Weder väterlicherseits noch in der Linie seiner Mutter. Nichts, was darauf hindeutete. Wer denkt schon an so was. Man vermutet Überanstrengung. Einen malträtierten Magen. Stress hat heute sowieso jeder. Stress gehört zum guten Ton, ist schon so etwas wie ein Statussymbol.

Hackls Hadern mit sich selbst drehte sich wie ein gedankliches Perpetuum mobile. Wer, zum Teufel, hat jetzt daran Schuld? Es hatte nichts mit der Josefstadt zu tun, das glaubte er immer weniger. Das nicht. Er war empört, ja, mein Gott, und? Sonst hat er sich darüber nicht den Kopf zerbrochen. Schuld und Sühne, alles Schwachsinn. Er war ausgebrochen. Der Krebs. Es kann jedem passieren, dachte er. Irgendwann kommt das Fallbeil von oben heruntergesaust ...

(Die Puppe grinst, kurz, dann fällt die Mimik wieder in sich zusammen.)

… Kann die Welt nicht in Ordnung sein?, dachte Hackl. Kann das nicht eine Lappalie sein, so wie damals? Mein Gott, damals. Der Knubbel. Vor zwei Jahren hat ihm sein Kollege, der Robert Meyer, gesagt: Heast, du hast da so einen Dippel, hinten am Kreuz. Das war eine Talgdrüse. Hackl ließ sie aufstechen, und fertig. Jetzt war's kein Knubbel. Jetzt war's ein Gehirntumor.

Und dann, am 4. April, ganz zeitig in der Früh, war es so weit.

Am Gang vor dem Krankenzimmer sprach der Arzt mit Hackls Frau und beschrieb ihr ganz genau, was jetzt passieren würde. Wie der Patient bei der Operation sitzen muss, und dass der Kopf in einen Apparat hineingehört, und wie der Chirurg dann reinschneidet mit seinem Skalpell. Maria Köstlinger schluckte und sagte, sie wolle es eigentlich nicht so genau wissen.

Sie ging zum Krankenbett und versuchte, ihren Mann zu halten, ihn zu umarmen, ihm das Gefühl zu geben, dass sie einfach da ist. Es gelang nicht ganz. Sie konnte das Schluchzen nicht unterdrücken. Im Starksein war sie noch nicht so geübt.

»Du wirst sehen«, sagte sie, »es wird alles gut. Und wenn das Trumm draußen ist, dann ist wieder alles in Ordnung.«

Hackl kannte den Chirurgen. Er hatte einmal einen Termin bei ihm gehabt, gemeinsam mit seiner Frau. Er erinnerte sich dumpf. Maria hatte diesen Wert, wie hieß der noch mal, Bilirubinwert oder so ähnlich, etwas, das mit der Hypophyse zu tun hat, nichts Ernstes, jedenfalls begrüßte ihn der Operateur. Doktor Gedeon Perneczky. Musste ein Arzt von Welt sein, weil jeder sagte, ah, der

Perneczky. Im Privatspital Döbling machte der Mann ab und zu Dienst, erfuhr Hackl, und es sei gut, dass er jetzt hier in der Rudolfstiftung sei, alle Geräte vorhanden, das Team eingespielt, jeder Handgriff sitzt, lauter Spezialisten. Hackl dachte, das ist ein furchtbares Spital, sagte es aber nicht laut.

Sie bereiteten ihn für den Eingriff vor. Dormicum ist ein wunderbares Mittel. In höheren Dosen erzeugt es eine retrograde Amnesie, was bedeutet, dass man fünfzehn Minuten Geschehen aus dem Gehirn löscht, einfach ausradiert. In kleineren Dosen bewirkt das Mittel Gleichmut. Man registriert, was vor sich geht, nimmt aber alles locker. Sie schneiden mir also jetzt den Kopf auf, auch gut. Hackl war ganz ruhig, als der Anästhesist kam. Sie rollten sein Bett Richtung OP. Menschen mit Mundschutz, grelles Licht, geschäftige Bewegungen, Hände wurden gewaschen, Gummihandschuhe übergestreift, Augenpaare beugten sich über ihn, zählen Sie von zehn herunter, neun, acht, sieben, sechs ...

Die Operation dauerte acht Stunden. Maria Köstlinger saß im Warteraum und starrte die Wand an. Dort, neben einem Oleander und dem Kaffeeautomaten, hing eine Uhr. Die Zeiger bewegten sich nicht.

Ein Arzt kam vorbei, irgendwann, nach Sekunden oder Stunden oder Äonen, und sagte: »Das halten Sie nervlich nicht durch, gehen Sie nach Hause.«

Ihr war alles egal. Sie hätte heimfahren können, im Garten auf und ab gehen, es hätte nichts gebracht. Sie blieb sitzen, obwohl die Rudolfstiftung nicht unbedingt das schönste Krankenhaus der Welt ist, ein Ort, wo man denkt, hier will ich ausgedehnte Spaziergänge machen. Es roch nach Spital. Nach Stunden stemmte sie sich doch aus der Schale des Plastiksessels, ging nach Hause und umklammerte ihr Mobiltelefon. Dann war da nur noch das Warten, bis der Arzt endlich anruft, dass es vorbei ist und man wieder hin kann, ins Krankenhaus. Niemand rief an. Auch die Zeiger ihrer Wanduhr daheim bewegten sich keinen Millimeter. Entsetzen kann ganz still sein. Und zeitlos.

Das Handy läutete. Der Arzt sagte ihr, die Operation sei beendet. Vom Organischen her sei alles stabil, der Tumor entfernt. Grundsätzlich alles in Ordnung. Allerdings gäbe es da noch etwas. Einen Miniherd, den man entweder mit Cortison behandeln oder bestrahlen müsste. Das würde man erst sehen. Mit dem histologischen Befund dauerte das noch gut eine Woche.

Maria Köstlinger verständigte Hackls Töchter aus erster Ehe, Franziska und Stefanie. Sie fuhren mit ihrer Mutter, Brigitta Furgler, ins Krankenhaus. Jeder betrat die Intensivstation einzeln. Die Kacheln waren weiß, alles roch antiseptisch. Der Arzt hatte beiläufig den Ausdruck Durchgangssyndrom fallen lassen, einen Zustand, der eine Woche oder vielleicht zwei anhalten würde. Was das genau bedeutete, wusste sie nicht. Nach der Operation, die auf Hundertstelmillimeter genau durchgeführt worden war, sah man, dass der Tumor nicht auf das Sprachzentrum gedrückt hatte. Jetzt suchte sich die Gehirnflüssigkeit andere Wege im Kopf. Das hieß offenbar Durchgangssyndrom. Sie überlegte, welche Farbe Gehirnflüssigkeit hatte. Weiß? Durchsichtig? Hellrot?

Sie kam ins Aufwachzimmer, da wurde Hackl gerade munter. Er erkannte seine Frau sofort. Er bewegte sich in

Zeitlupe, und erst als er sich zur Seite drehte, sah sie, dass sein Kopf zur Hälfte rasiert war. Er sagte kaum ein Wort, gehauchte Silben, aber es war so, dass man das Gefühl hatte, er ist irgendwie da. Hat alle Sinne beisammen. Und er ist noch er.

(Der Hackl im weißen Krankenhaushemd schaut kurz auf. Eine Augenbraue hüpft.)

Sie verlegten ihn von der Intensivstation in ein Krankenzimmer. Immer wieder Besuche. Sie konnte nur vorhanden sein, die Hand streicheln und sagen, dass alles gut wird. Maria Köstlinger kam wieder mit seinen Töchtern vorbei, und da saß er in seinem Bett, aufrecht, für die Damen ziemlich cool, mit seiner Lesebrille, und versuchte einem Text zu folgen. Der Fernseher lief.

»Ich seh nix«, sagte Hackl, »was ist denn da los?« Er schaute zum Fernseher und zwinkerte. »Ich seh doppelt. Was ist denn da los?«

Eigentlich war er gut drauf. Der Arzt kam herein und erklärte, dass das durchaus sein könne, dass man doppelt sieht, dass alles verschwommen ist und dass das ein bisschen dauert.

Das haben ihm die Damen wiederholt: »Tu vielleicht nicht gleich die Zeitung mit der kleinen Schrift lesen. Jetzt wart einmal ab. Und schauen wir einmal. Einfach ein bissel zuwarten, bevor du gleich sagst, du willst schon wieder anfangen zu arbeiten, hm?«

Sie lachten und dachten, großartig. Niemand hatte damit gerechnet, dass er kurz nach so einem Eingriff schon kerzengerade im Bett saß und versuchte, die Zeitung zu lesen. Mit Brille und belustigtem Blick. Einen Tag später war es vorbei mit der Freude. Man wusste nicht, was los ist. Seine Frau kam ins Krankenhaus und hörte Hackl von Weitem schreien. Er brüllte, als würde ihn jemand foltern. Da hat das Durchgangssyndrom zugeschlagen.

»Sie Arschloch, Sie blödes!« Hackl beschimpfte seinen Zimmernachbarn, völlig grundlos. Es war wie bei diesem Tourette-Syndrom, wenn an sich freundliche Menschen auf einmal mit Kraftausdrücken und zotigen Worten um sich werfen. In seinem Blick loderte der Irrsinn. Der ganze Körper war angestrengt, jede Faser auf Aggression programmiert. Wie bei diesem Kind im Horrorfilm *Der Exorzist*, das Mädchen, das vom Teufel besessen ist.

»Ich will den Fernseher einschalten!«, brüllte Hackl.

Sehr merkwürdig. Seine Frau kam hereingestürmt, war fassungslos. »Was ist los?«

Hackls Zimmerkollege bekam es mit der Angst zu tun. »Das will ich nicht! Ich will nicht mit dem verrückten, wahnsinnigen Schreier in einem Zimmer sein. Das geht so nicht.«

»Und wie das geht«, fauchte Hackl. »Ich will jetzt den Fernseher einschalten, du Sauhund.«

Seiner Frau schossen Tränen in die Augen. Sie verstand die Welt nicht mehr. Der Arzt hatte ihr gesagt, das sei eine Phase, die kann schwierig sein. Man muss versuchen, es auszublenden. Der Patient ist ein anderer Mensch. Seine Wahrnehmung, sein Gefühlszustand, alles eine Auswirkung des Durchgangssyndroms. Als würde man einen Kippschalter umlegen, und jetzt war Hackl sein Alter Ego. Ein böses Abziehbild seiner selbst. Ein Dämon im Krankenhauskittel. Hackl, der andere.

(Der Hackl im weißen Krankenhaushemd winkt ins Publikum.)

Was es mit diesem Durchgangssyndrom genau auf sich hat, erklärte Maria Köstlinger niemand. Es war nur ein Wort. Ein medizinischer Fachbegriff. Ein Terminus. Sie konnte sich erinnern, dass es zwei Wochen dauern könnte. Zwei Wochen sind schon auszuhalten, dachte sie. Was man ihr verschwiegen hatte, war, dass dieser Zustand in seltenen Fällen auch länger anhalten kann.

Bei ihrem Mann dauerte es vier Jahre.

In einer Ehe kann man schon einmal streiten, bei Hackls flogen mitunter die Fetzen, auch Geschirr. Beide konnten in Rage geraten, wenn einem die Dinge gegen den Strich gingen. Jetzt war das anders. Die Wut, die Hackl versprühte wie ein Tier sein Gift, entlud sich nicht in einem kleinen Streit zwischendurch. Der Hass konzentrierte sich ausschließlich auf seine Frau. Er ist verrückt geworden, dachte sie. Sie haben ihm doch was rausgeschnitten, da oben. Oder: Er ist wirklich wahnsinnig. Über Nacht entrückt.

Das nächste Mal, als sie ihren Mann im Krankenhaus besuchen wollte, lag er am Gang. Ans Bett gefesselt. Sie war fassungslos und verlangte nach dem diensthabenden Arzt.

»Das geht nicht«, rief sie. »Ihr könnt meinen Mann nicht anbinden, wurscht, was er macht. Das kann nicht sein.«

Hackl sah sie nur an, durch sie hindurch und zerrte an seinen Fesseln, bis die Hände violett anliefen. Er fletschte die Zähne. Es ist schon befremdend, wenn sich der Mensch, den man liebt, in eine Bestie verwandelt. Für die Pfleger war's normal. Nur unangenehm, weil zu wenig Personal da war oder zu wenig Geld oder beides. Sie sagten, man müsse das verstehen. Der Patient hat nicht geschlafen, dauernd gebrüllt bei jeder Spritze. Die Schläuche und Infusionen hat er sich herausgerissen, also wirklich. Die Schwestern haben sich vor ihm gefürchtet. Sie wagten sich nicht mehr in seine Nähe.

Maria Köstlinger bestand darauf, man möge ihm ein Zimmer frei machen, irgendwo ein kleines Zimmer, wo er allein sein kann, immerhin ist ihr Mann eine Person, die im öffentlichen Leben steht, um nicht zu sagen ein Prominenter. Und er lag da am Gang und schrie wie am Spieß.

In solchen Fällen verabreicht man Haldol, und dann ist Ruh. Parallel dazu lief die Cortisonbehandlung wegen dieses Miniherds in seinem Kopf, der nach der Operation übrig geblieben war. Sie pumpten ihn voll mit Medikamenten, von denen seine Frau nicht wusste, was es war, nur dass es viele waren. Schmerzmittel. Psychopharmaka. Dazu das Warten auf den histologischen Befund, ob der Tumor nun gut- oder bösartig ist. Chemotherapie, Bestrahlungen. Ein junger Doktor zeigte ihr ein Bild, wies auf den Unterschied zwischen Computertomografie und Magnetresonanz hin und sagte, dass man jetzt, im Nachhinein, auf der Computertomografie schon genau sieht, was los war.

»Ach, im Nachhinein sieht man es jetzt?«, sagte sie. Der Arzt ging nicht näher darauf ein.

»Frau Köstlinger, was ich Ihnen eigentlich sagen wollte: Der Befund ist fertig. Doktor Perneczky wartet in seinem Büro auf Sie.«

Dort erfuhr sie, dass der Tumor, den man ihrem Mann aus dem Kleinhirn geschnitten hatte, bösartig war.

Hackl lag in seinem Bett, mit offenen Augen, regungslos. Geistig irgendwo anders. Katatonisch. Man versuchte ihm die Situation zu erklären, es kam nichts. Kein Wutausbruch, kein Hilfeschrei, kein Heulanfall. Er lag nur da. Seine Frau dachte, vielleicht hat dieses Syndrom auch was Gutes. Dass er das nicht wissen muss. Es reicht, wenn sie und die Kinder es verkraften müssen.

»Was machen wir jetzt?«, fragte sie.

Der Arzt klärte sie auf. Sie müsse die Verantwortung übernehmen und schriftlich in die Chemotherapie einwilligen. Die Bestrahlung hätte noch Zeit, die habe Nebenwirkungen auf den Kopf, und das versuche man vorerst zu vermeiden. Abgesehen davon sei es eine äußerst unangenehme Prozedur. Der Kopf wird in eine Maschine gezwängt. Maria Köstlinger dachte an den Film *Schweigen der Lämmer*. Sie stellte sich die Bilder vor, wie Anthony Hopkins diese Maske trägt, und sah das Gesicht ihres Mannes, eingepfercht in einen eigentümlichen Apparat, wo sie dann Kobalt oder irgendwas anderes in sein Hirn schießen.

Er wird das gar nicht aushalten, dachte sie. Weil diese Aggressionen so stark sind. Und dann werden sie ihn sedieren müssen. Das darf man wiederum nicht, wenn man bestrahlt wird. Ruhigstellen, doch nicht ruhigstellen. Chemotherapie, bestrahlen, sedieren. Früher waren die Worte, die ihr Leben bestimmten, andere. Die Theatersprache ist um Längen feiner.

Und dann haben sie ihr versucht, zu erklären, wie das denn so funktioniert und was im Kopf passiert, wo etwas durchfließen muss und warum jetzt durch die Operation Luft ins Gehirn gekommen ist. Wenn man sich das vorstellt: Deckel auf, die Luft kommt rein. Die Luft kommt aber nicht mehr raus, sie bleibt drinnen. Das muss sich alles wieder normalisieren. Irgendwie muss die Flüssigkeit durchfließen und und und.

Gehirnchirurgen sind Genies, dachte sie. Was die veranstalten, ist unglaublich. Mikroskopisch müssen sie vorgehen, da sind hundert Milliarden Nerven, die dürfen nichts durchtrennen, weil sobald sie etwas erwischen, ist was beleidigt, du hörst nichts mehr, du siehst nichts mehr, du hast keine Stimme mehr, du bist gelähmt. Alles sitzt dort oben im Hirn. Eine Fehlzündung, und aus die Maus. Ihr Mann hatte einen Fremdkörper hinter dem Ohr, tief drinnen im Kopf, einen bösartigen Tumor so groß wie eine Kinderfaust. Es ist schon bewundernswert, dachte sie weiter, dass es solche Menschen gibt, die sagen, ich will Chirurg werden. Weil sonst wäre ihr Karli jetzt tot.

Neun Stunden saß sie bei ihm am Bett, manchmal auch zehn, jeden Tag. Das konnte sie sich nur leisten, weil ihre Eltern aus Salzburg nach Wien gekommen waren und auf die kleine Melanie schauten. Neun Stunden können sehr lang sein, in einem weißen Zimmer mit Spitalsbett, einem Fernseher, einer Blumenvase auf dem Tisch, mit blauen Tulpen, die den Kopf hängen lassen, und einer hässlichen Radierung an der Wand, die eine Esche im Nebel zeigt. Neun Stunden neben einem renitenten Patienten zu sitzen, den man zu beruhigen versucht und der einem in einem ruhigen Moment die Faust ins Gesicht schlägt.

»Schatz, lass doch«, sagte Maria Köstlinger, »komm, ich streichle dich wieder.« Er hat ja nur zugeschlagen, weil er in seiner Welt gerade etwas anderes gesehen hat, einen Angreifer, einen Feind, einen Troll mit Krallen.

Dann war wieder kurz eine ruhige Phase, bis zum nächsten

Ausbruch, wo er sie eine Hure schimpfte, eine Schlampe, eine nichtsnutzige. Sie hörte sich das alles an und sagte: »Aha.«

Und dann versuchte sie etwas zu essen. Sie hatte darauf vergessen, dauernd war etwas zu tun. Wenn er schlief, saß sie daneben und las Zeitung oder hielt seine Hand. Oder die Steffi, eine seiner größeren Töchter, und die Franziska, die ältere, schauten vorbei, wenn so eine Ruhephase war, und versuchten ein Buch zu lesen. Niemand wusste, was als Nächstes passierte. Wann der nächste Ausbruch kam. Wenn die Schatten in der Welt da drüben Form annahmen.

Oder wenn die Drachen Feuer spien. Alles eine Frage der Tagesverfassung. Manchmal konnte man das verkraften. Die Familie war ängstlich, weil alles so lange andauerte und das Unbehagen stetig wuchs. Die zwei Wochen waren längst vorbei. Was jetzt? Der Arzt meinte, es könne, nun ja, bis zu einem Monat dauern, und man will ihm das irgendwie nicht glauben. Die Hiobsnachrichten brachte man einem zitzerlweise bei.

»Was heißt das?«, fragte seine Frau. »Das kann ein Leben lang so gehen, oder wie?«

Der Arzt nahm die Brille ab und sprach ihr Mut zu.

Die Dinge wurden immer diffuser. Maria Köstlinger fühlte sich umgeben von kaltem Rauch. In welchem Zustand ihr Mann sich gerade befand, war nie ganz klar. Ist er aggressiv oder ist er sediert? Ist er plötzlich agil und drischt um sich? Weint er aus Angst? Kurz gesagt, es war schwer.

Das Schwierige war, dass es immer wieder anfing. Hackl ging sogar auf seine Kinder los. Seine Frau hielt ihn mit aller Kraft fest, wenn ihm die Schwestern die Infusionen verabreichen wollten. Die sollten in der Vene drinnen bleiben, und er wollte sich immer alles wegreißen, rausreißen, abreißen. Schreie, ein schmerzverzerrtes Gesicht, grauenvoll.

Nach einer Woche in der Rudolfstiftung rieten Ärzte, Schwestern und Pfleger dringend zu einer Übersiedlung. Man entschied sich für die Privatklinik Döbling, die haben Balkone und einen schönen Garten. Unter anderen Umständen und mit viel Fantasie könnte man von einem Wellnesshotel mit medizinischem Hintergrund reden. Das Problem war, dass auch die feine Klinik keine ausreichenden Personalressourcen hatte.

»Ja, aber was kann ich machen?«, fragte Maria Köstlinger.

»Es gibt Privatpfleger«, riet jemand eilfertig.

Sie telefonierte viel, fand eine Privatpflegeadresse und rechnete kurz nach. Sollte das länger dauern, nun, das geht auch ins Geld. Angesichts der Misere kein Thema. Sie brauchte jemanden, der die ganze Zeit da war, wenn sie nicht da war, der aufpasste, zur Not auch die ganze Nacht. Hackl schlug immer wieder auf Pfleger ein und warf ihnen Infusionsflaschen nach. Er sah aus wie früher diese Opernballdemonstranten, wenn die Polizei dazwischenfuhr. Dabei war er noch so wackelig auf den Beinen und stürzte dauernd, hatte einen Bluterguss nach dem anderen, war nur noch Haut und Knochen.

Die Belegschaft war auch in diesem ehrenwerten Haus völlig überfordert. Sie wussten nicht mehr, was sie mit ihm machen sollten. Trotz des Privatpflegers, der oft keine Chance hatte, den Wüterich zu bändigen. In einer Privatklinik kommt so etwas nicht besonders gut. Da waren Leute, die am Knie operiert wurden oder ein bisserl Botox in die Wange gespritzt bekamen oder sich den Busen stadtfein herrichten ließen. Man sah es nicht so gern, wenn da irgendein schreiender Wahnsinniger über den Gang stolperte und Menschen wahllos an die Gurgel ging. In der Nacht konnten die Leute nicht schlafen. Hackl führte sein ganz eigenes Theater auf. Seine Inszenierung für die Hölle im Hirn.

(Der Hackl im weißen Krankenhaushemd steht auf, geht zur Puppe und streicht ihr über den Kopf.)

Es gab schon wieder Momente, in denen er ganz zart war, ganz weich. Helle Augenblicke. Auf einmal war alles ganz klar. Dann, von einer Sekunde auf die andere, legte sich der Schleier des Vergessens über ihn, alles war weg, was und wie und wo. Er fing an, seine Töchter mit seiner Frau zu verwechseln und umgekehrt, wusste nicht mehr die richtigen Namen, stammelte Unverständliches.

Maria Köstlinger musste eine schwierige Entscheidung treffen. Sie hatte Melanie, ihren kleinen Schatz, zu Hause, eineinhalb Jahre. In dieser Situation hat ihr die Tochter am meisten geholfen, weil sie sie anlächelte und mit den Augen sagte: Hallo, ich brauch dich, ich bin da und möchte jetzt unterhalten werden. Da wischte die Mutter die Tränen weg. Höchste Zeit, sich wieder mehr um die Kleine zu kümmern, irgendwie zu schauen, dass es ihr gut ging, und dass sie eine gute Entwicklung hat. Diese Entscheidung war zu treffen.

»Wo ist der Papa?«, fragte Melanie.

Insofern war Erklärungsbedarf, und die Mutter musste sagen, dass er krank ist, der Papa. Natürlich hat sie nicht gesagt Krebs und Dings.

Als sie einmal ins Krankenhaus fuhren, fragte die Kleine: »Wohnt da der Papa?«

»Nein, Schatz«, sagte die Mutter, »er wohnt nicht da, er kommt schon wieder nach Hause.«

Das war für die Mutter die nächste große Entscheidung. Ich muss sie ihm zeigen, dachte sie, ich möchte sie ihm zeigen. Mit Melanie wollte sie ein Zeichen setzen, dass er nicht aufhört zu kämpfen. Vielleicht löst allein schon der Anblick des kleinen Mädchens in dem rosa Kleid und der Masche im Haar etwas in ihm aus. Vielleicht ist es der richtige Tupfen Farbe in einem Leben aus gesprenkeltem Grau.

Das Heikle war, ihr keinen brüllenden, um sich schlagenden Vater zu zeigen, der irgendwie böse geworden ist. Entscheidend war der richtige Zeitpunkt, wann sie Melanie mitnehmen sollte. Aber erklär das einem Kind. Heute siehst du den Papa vielleicht, nein, doch lieber morgen, und auch morgen scheint nicht wirklich sicher. Die Mutter versuchte herauszufinden, ob es eine Zeit im Krankenhaus gab, wo es ruhiger war. Ja, es kommt eine bessere Phase, sagte sie sich, es kommt der Tag, an dem man sie doch mitnehmen kann. Das war in der Privatklinik Döbling nicht mehr möglich.

Irgendwann haben sie auch dort gesagt: »Das geht hier nicht mehr, wir können ihn hier nicht behalten, wir schicken ihn jetzt ins AKH, und zwar in die Krebsabteilung im dreizehnten Stock, in die Onkologie, und dort wird man dann weitersehen, auf Wiedersehen, Frau Köstlinger.«

Die Schlinge zog sich immer enger um ihren Hals. Die ganze Familie fragte sich: Was ist, wenn das so bleibt? Was macht man dann? Was tut man mit so jemandem, wenn das so weitergeht? Stecken sie ihn in die Irrenanstalt, oder was? Schauderhafte Gedanken. Und die Eindrücke dort oben im AKH, im dreizehnten Stock, verbesserten die Gesamtsituation auch nicht. Krebsabteilung, kein rasend erquickender Anblick. Kahlköpfige Patienten, manche dem Tod geweiht, andere hoffend, und ihr Mann mittendrin.

Die Chemotherapie teilt sich in fünf Zyklen, und zwischen den Zyklen musste immer wieder eine Pause eingelegt werden. Eine Woche lang Zyklus, dann wieder warten, dann wieder der Zyklus, dann wieder warten. Eigentlich pfeffern sie einem Gift in den Körper, eine langwierige Geschichte und schmerzhaft obendrein. Über Schläuche wird die Flüssigkeit durch die Brust in den Körper geflößt.

Hackl bekam das alles nicht mit, Maria Köstlinger aber, die erst dreißig Jahre alt war, verlangte es alles ab. Manchmal suchte sie Trost bei Hanno Pöschl, Hackls langjährigem Freund. Er konnte zuhören. War einfach da. Er verstand.

»Ich bring ihm aus meinem Lokal was zu essen«, sagte Pöschl, »weil das Zeug im Krankenhaus kann keiner fressen.«

Und dann servierte er ein Feinschmeckermenü. Nach dem Essen führte er seinen Freund langsam durch den Gang. Hackl aß viel. Die Schwestern ersuchte er um Marmelade, Butterbrot und Kakao. Er stopfte sich alles hinein, und bitte, bitte, noch ein bisschen mehr.

Hackl schrie oder schimpfte, manchmal aß er auch nur ganz still und genussvoll. Ab einer gewissen Zeit verschlang er unfassbare Mengen, und als er wieder durchdrehte, versuchte Pöschl ihn mit Galgenhumor zu besänftigen. Reg di net so auf, Karli. Des Leben is eh so laut. Zu dritt gingen sie von Station zu Station, drehten Runden, übten, einen Fuß vor den anderen zu setzen. Bis die nächste Peinlichkeit passierte.

»Oaschloch!«, schrie Hackl, »du Oaschloch!«

Einfach so in den Raum. Fremde drehten sich pikiert um, schüttelten den Kopf. Hanno Pöschl nahm's locker, deutete mit ausgestrecktem Zeigefinger auf die Leute und rief: »Ja, genau. Sie hat er gemeint, Sie.«

Einmal ging Hackl auf seinen Freund los. Pöschl, von vierschrötiger Statur und auch sonst keiner, den man einen krummen Hund schimpft, sagte: »Das tät ich jetzt nicht machen.«

Hackl ließ von ihm ab und widmete sich der Umgebung. Er riss die Türen zu Krankenzimmern auf, hieß alle, die drinnen lagen, einfallslos Arschlöcher, pinkelte in das eine oder andere Waschbecken der Patienten, die nur dachten: Völlig gaga, schwerst prrt. Man wusste nicht recht, wie man sich für ihn entschuldigen sollte. Und es war nicht erkennbar, ob das Verhalten an den Medikamenten lag, dem Durchgangssyndrom oder der Luft, die noch in Hackls Hirn wehte. Oder hatte man ihm da was gekappt, ein kleiner Ritzer, und schon geht's im Zentralnervensystem zu wie in der Geisterbahn. Hackl kann sich an diese Zeit nicht erinnern, zum Glück. Seine Frau schon.

(Eine Hand der Puppe bewegt sich, als wolle sie jemanden liebkosen.)

Dort oben im dreizehnten Stock erlebte Hackl merkwürdige Traumwachzustände, wo er munter halluzinierte, vorwiegend von seinem Vater. Man merkte, dass gröbere Probleme, die irgendwo tief drinnen saßen, wieder herauskamen. Der Vater kam, der Beruf kam, dann tauchten in seiner Vorstellung die Töchter auf, verarbeitet in bizarren Geschichten, getüncht in blutrote Farbe. Hackl begann laut zu fantasieren, sah Fata Morganas, und dann fing die Phase an, wo er sich plötzlich im Bett aufrichtete und sagte: »Ich muss zur Lesung.«

Und gleich wieder: Ich muss zur Lesung.

»Nein, Karli«, sagte seine Frau,»du liest nicht.«

Bald kam sie drauf, dass es keinen Sinn hat, und dann nickte sie: »Ja, selbstverständlich, komm.«

Als er schon ein wenig gehen konnte, fasste sie ihn unterm Arm und hängte sich ein. Sie drehten eine Runde und Maria sagte: »Wir gehen jetzt zur Lesung.«

Manchmal gab sie ein richtiges Schauspiel, sagte: »Ich geh jetzt. Pfüat di!« Kurz darauf kam sie zurück: »Schau, da ist jetzt das Buch, das hab' ich von zu Hause mitgenommen.«

Weil Hackl neuerdings eine andere Leier wiederholte: »Ich muss üben.«

Und gleich wieder: Ich muss üben.

Da war so eine verbissene Art in diesem Üben, es war ihm ein Anliegen. Seine Frau dachte: Na gut, die Sprache zu trainieren, das kann ja nicht schaden. Plötzlich brabbelte er auswendig Texte oder schrie etwas von Schiller, dass die Krankenschwestern zusammenzuckten. Die Pfleger amüsierten sich.

»Wir haben ein bissel ein Programm hier mit dem Herrn Hackl«, sagten sie. »Er ist zwar spinnert geworden. Aber das macht nichts. Er macht jetzt Lesungen.«

Seine Frau fand's in Ordnung. Na gut, soll er halt die Lesungen üben. Kann auf keinen Fall falsch sein. Man darf die Hoffnung nicht aufgeben, und man muss alles probieren.

Hackl merkte nichts, erinnert sich an diese Szenen auch heute nicht. Man hat sie ihm erst viel später erzählt. Wie er sich im Spital von seinen Töchtern Grünbaum-Texte abprüfen ließ. Immer wenn er nicht weiterwusste, was oft vorkam, ärgerte er sich dermaßen, dass er rote Nervenflecken im Gesicht bekam. Also ließ er sich weiter Grünbaum-Texte abprüfen, und irgendwann im Traum hörte er eine Stimme: Es gäbe einen Wettbewerb, mit Grünbaum-Texten, und da tritt an eine Frau, die den ernsten Grünbaum spricht und singt, und er, der Hackl, habe den Part des komischen Grünbaum und werde wahrscheinlich ordentlich abbeißen gegen die Frau. Und dann gab es den Bewerb, und er wurde Zweiter, weil diese alte Vettel gewonnen hat. Grünbaum, ein Albtraum.

In anderen Nächten träumte er, er müsse wieder zur Probe. Sein Unterbewusstsein gaukelte ihm allerlei Schräges vor. Ja, ja, er probiere jetzt mit dem Gert Voss. Oder mit Klaus Maria Brandauer. Oder er habe eine Probe um zehn Uhr beim Zadek, mit dem er nie gearbeitet hat. Lauter so Sachen. Immer wollte er raus zur Probe. Auf die Bühne. Zur Probe. Auf die Bühne. Eine Stimme in ihm flüsterte: Nein, stimmt gar nicht! Eine andere drängte: Du musst unbedingt! Da kriegt man schon einen Stress. Irgendwo ist was jetzt. Und er musste dort hin.

Die Angehörigen von Schwerkranken leiden oft mehr als die Betroffenen selbst. Nur, sie dürfen es sich nicht anmerken lassen. Sie lächeln und tun so, als wäre die Welt aus Zuckerwatte. Innerlich zerbröckelt ihr Herz. Bei Maria

Köstlinger und Hanno Pöschl war die Tat der Motor, um weiterzumachen, stark zu sein. Sie nahmen Hackl raus an die Luft, zeigten ihm den Frühling. Das Krankenzimmer verschönerten sie mit Fotos der Kinder. Sie nahmen Musik mit, Dean Martin, Sammy Davis junior und natürlich Frank Sinatra. Die alten Ratpack-Songs gefielen ihm doch so sehr. *My way,* hm? Womöglich besänftigten die Melodien ein paar Synapsen. Vielleicht vermochten sie da oben etwas zu löten, was durchgebrannt war. Oder sie räumten etwas weg, was den Weg verstellte. Vielleicht machten diese verdammten Lieder die Bahn frei.

Hackl blieb in seiner geistigen Sackgasse stecken. Eine Zeit lang musste man wieder einen Privatpfleger beauftragen. Hackl wurde rabiat, wollte davonlaufen und wurde wieder ans Bett geschnallt. Maria Köstlinger weinte so, dass es niemand sah. Insgeheim kreidete sie das System an. Wie konnte es sein, dass sich niemand um die Angehörigen kümmert. Psychologische Hilfe gab's keine. Gut, einmal hat eine Dame Stefanie angesprochen, ein einziges Mal, und gefragt, ob sie kurz reden möchte. Von Tochter zu Psychologin. Die Hilflosigkeit verdichtete sich zur kritischen Masse.

Ärzte geben grundsätzlich ungern Auskunft. Maria kam sich als hochgradig aufdringlich vor, alles war kompliziert in dieser Extremsituation. Natürlich gab es Regeln, und sie bewunderte diese Halbgötter in Weiß, mit ihren Stethoskopen um den Hals und den Kugelschreibern in der Brusttasche, wie sie es schaffen, ihr ganzes Berufsleben in einer Krebsabteilung zu verbringen, ohne sich ein paar Liter Schnaps am Tag reinzuhauen oder andere Sachen, um zu vergessen. Die mussten eine Schutzbarriere aufgebaut haben, zwischen sich und dem Leid. Sonst ist die Seele aus Granit.

Ihr ging's ähnlich. Sie musste mit ihren Gefühlen hantieren, als wären sie medizinische Instrumente. Wenn es ihr eine Spur besser ging, wenn die Weinkrämpfe unter Kontrolle waren, nahm sie die kleine Melanie und ging mit ihr den Papa besuchen. Unter einem Vorwand schlich sie vorher ins Krankenzimmer, um zu sehen, ob sie das einem Kind zumuten könnte. Jetzt geht's. Schnell rein und die Maske der Freude aufsetzen. Alles eine Frage der Einstellung. Manchmal konnte sie niemandem mehr Kraft geben, weil sie keine mehr hatte oder die Angst zu groß war.

Der Trick bestand darin, das im Vorfeld bei sich abzuklären. Einen Deal mit dem Innenleben zu machen. Manche Leute nennen's einen Wunsch ans Universum abgeben. Für Maria war's bloß ein Dialog auf mikrozellularer Ebene. Zu der Zeit hatte sie abends schon wieder Aufführungen, weil sie sich ein normales Leben vorspielen wollte. Sie spielte die Julie in *Liliom*, und wenn dann bei der Vorstellung der Liliom auf der Bahre lag und ihr unter den Armen wegstarb, versetzte ihr das jedes Mal einen Stich in der Brust. Sie ließ es sich nicht anmerken. Sie sagte sich, auch das sei eine Form von Therapie. Eine Komödie hätte sie nicht mehr zusammengebracht. Tragödien waren leichter.

An freien Abenden saß sie mit ihren Eltern daheim im Wohnzimmer. Ihre Mutter kochte immer das Beste, versuchte irgendwie zu sagen: Komm, jetzt schauen wir uns einen Film an. Oder: Jetzt plaudern wir. Oder: Wenn du gleich schlafen gehen willst, gehen wir auch ins Bett. Im freien Fall gab man einander Halt. Auch Stefanie und Franziska schauten vorbei.

Oder ihre Schauspielkollegen und Freunde. Herbert Föttinger und Sandra Cervik. In der Tristesse kann jede kleine Schnurre Wunder wirken. Was am Theater so los ist, wer bei den Proben ganz besonders affig war und wer wieder mal outriert bis zum Anschlag. Jeder noch so geschmacklose Witz löste einen Freudentanz aus. Kennst schon den von der lesbischen Nonne? Ablenkung für ein paar kurze Stunden, auf andere Gedanken kommen, Kraft schöpfen für das nächste Mal. Damit dir nicht der Saft ausgeht. Sie sagte sich: Ich darf jetzt nicht zusammenbrechen, ich muss mich halten. Der Vater nicht da, er ist weg. Jetzt muss ich für die Kleine sorgen, ich muss meine Arbeit irgendwie machen, ich muss ihn unterstützen.

Es sind Kleinigkeiten, die einen aus der Bahn werfen, zum Beispiel eine Mahnung oder eine Gasrechnung. Maria Köstlinger erkannte, dass ihr Mann mehr oder minder eine eigene Firma ist, mit Myriaden von Aufgaben, hundert Milliarden Arbeiten und Zigmillionen Dingen. Papierberge wuchsen, überall Stapel und gelbe Mappen. Agenden, mit denen sie nie etwas zu tun gehabt hatte, weil er alles managte. Sie stand vor einem Haufen Zettel und dachte: Was mach ich mit dem ganzen Zeugs, verbrennen? Irgendwie brachte sie Ordnung in dieses Chaos und lernte etwas dabei: Alles geht, wenn es sein muss. Du darfst nur das Ziel vor Augen nicht verlieren. Er wird wieder gesund.

In der Trauer sind die Nächte lang. Schlaf ist ein Segen, der den anderen vergönnt ist. Manchmal fielen ihr die Augen vor Erschöpfung zu, kurz darauf schrak sie hoch und wusste, dass der Albtraum nicht in der Nacht kommt, sondern untertags. Schlaftabletten wollte sie keine nehmen.

Eher homöopathische Tropfen, Baldrian zur Beruhigung. Sie bildete sich ein, das würde helfen.

Melanie legte sie immer gegen halb neun ins Bett und wartete, bis die Kleine schlief. Ab neun sagte sich Maria Köstlinger: So. Neun Uhr am Abend war der Knackpunkt. Da nahm sie die Maske ab und brach zusammen. Für gewöhnlich dauerte das eine Stunde. Alles kam raus, flüssige Bitterkeit, sie grub ihr Gesicht in die Handflächen, schluchzte leise und ließ los. Um sich wieder zu fangen, machte sie sich Mut: Es gibt Schlimmeres. Es gibt Menschen, denen es tausendmal dreckiger geht als uns.

Und erstaunlicherweise gab es dann Augenblicke, die halfen, warum auch immer, sie wusste es nicht genau, und dann fing sie an nachzudenken, woran sie glaubte, ob sie überhaupt an einen Gott glaubte, sie war nicht unbedingt die Kirchengängerin, aber dann merkte sie, und da musste sie über sich selbst lachen, dass sie anfing zu beten, sie versuchte, mit irgendjemandem, der da irgendwo vielleicht war, zu sprechen, da fiel ihr plötzlich ein, aha, das sind so die Momente, in denen Leute, die einen starken Glauben haben, welchen auch immer, eine Hilfe haben in ihrem Gott. Das war ihr bewusst.

Manchmal beneidete sie diese Leute, die aus der Religion eine andere Kraft schöpfen, wenn sie die Hände falten und die Augen schließen oder vor dem Kreuz knien, und dann verblasste das Bild, und sie dachte an diesen histologischen Befund damals in der Rudolfstiftung und diesen merkwürdigen, nicht ganz so systematischen Zyklus des Chemotherapievorganges, irgendwie sah sie die Angst und die Konfrontation mit dem Tod, Angst, hoffentlich schlägt das alles an, die ganze Therapie, und hoffentlich stirbst du nicht, immer diese Angst, bis ihr die Augen zufielen in der Gnade des Schlafs.

Am nächsten Tag stand sie wieder im Spital. Hackl wurde in einen anderen Stock verlegt. Eine Behandlungsstation mit speziellen Apparaten, in denen Menschen stecken, und Maschinen, die sich drehen. Hackls Zimmer war eine größere Abstellkammer neben dem Aufenthaltsraum, damit die Pfleger ihn permanent kontrollieren konnten. Weil er wieder diese Zustände hatte und sich die Infusionen herausriss. Auch die Schläuche. Bei dieser Form der Chemotherapie wurde dem Patienten ein Metallgegenstand implantiert, um die Schläuche besser anschließen zu können. So gelangte die flüssige Medizin in den Körper, damit sie sich dort verteilen konnte. Nachdem Hackl die Schläuche immer wieder herausgerissen hatte, war die Haut derart entzündet, dass der plastische Chirurg kommen musste.

»Wir müssen die Pusteln aufstechen und den Eiter absaugen«, sagte der Arzt. In der Medizin wird nicht geflunkert oder geschönt, sondern gesagt, was Sache ist.

Hackl sah ihn an und verstand, wie es schien. Ein heller Moment. Kurz davor noch hatte er seine Frau angebrüllt, ihr andere Namen gegeben und die kleine Tochter mit den größeren verwechselt. Auf einmal dieser merkwürdige Blick, ein Lidschlag des Erwachens. Er muss irgendwo da drinnen gespürt haben, irgendwas ist hier mit mir, und wenn ich so bleibe, verliere ich sie. Hackl muss das gespürt haben, weil ihn die Eifersucht packte.

»Du Hure«, schrie er seine Frau an, »du traust dich da her mit den Sexlackeln im Porsche, schäm dich!« Er schlug auf sie ein und spuckte sie an.

Hackl hatte wieder eine Vision gehabt. Die Eifersucht wurde schlimmer, irrationaler. Er war überzeugt, dass seine Frau sieben Liebhaber hat, adrette Burschen, die mit ihren Sportwagen herumrasten, die sie gar nicht nötig hatten, und nachts bei ihr Orgien feierten. Manchmal verdächtigte er den Briefträger, dann wieder Kollegen vom Theater. Überall lauerten sexlüsterne Zuchtbullen, die seiner Frau nachstellten, und sie trieb es mit denen Tag und Nacht. In diesem Reigen des Irrsinns ließen die Lustknaben einfach nicht von ihr ab.

»Bist du deppert!«, entfuhr's Maria Köstlinger. »Ich halt das alles nicht mehr aus!«

Die Szenerien wechselten und jedes Mal hatte auch ihr Horrorfilm neue Finessen parat. Im dreizehnten Stock rezitierte Hackl Grillparzer, dann suchte er ein Pissoir und fand es beim Nachbarn, später schlug er auf seine Frau ein, auf einmal erkannte er sie wieder und flehte mit seinen Augen: Komm und halte mich. Der Hurrikan in seinem Kopf drehte sich zu einer Spirale, die ihn nach unten zog. Einmal erkannte er seine Frau, dann wieder nicht, einmal war er eifersüchtig, dann wieder nicht. Die gespaltene Persönlichkeit in ihm war stets stärker. Hackl, der Zerrissene.

(Die Puppe wippt mit dem rechten Fuß.)

Hackl bekam mit, wie seine Frau mit ihrer Mutter telefonierte. Offensichtlich erkundigte sie sich bei ihr, wie alles weitergehen sollte. Hackl hörte nur Marias Antwort.

»In guten wie in schlechten Zeiten.« Für sie war das nie eine Frage.

Ihm war nicht klar, was der Satz zu bedeuten hatte. Wollte

sie sich von ihm trennen? Erwog man bereits die Scheidung? Maria war wesentlich jünger als er, Anfang dreißig jetzt. Im besten Alter. Er hörte schon: So, und jetzt geh ich. Er sah schon, wie sie den Ehering abstreifte und ihm aufs Nachtkästchen legte. Ihm war klar, sie würde ihn verlassen. Oder blieb sie doch bei einem Wrack? Entschädigte sie sich für den Kummer mit Affären? War die Liebe nur gespielt? Was war überhaupt? War er vielleicht schon tot?

Willkommen in der Hölle. Maria musste aufpassen, dass Melanie von all dem nichts mitbekam. Erklär einem eineinhalbjährigen Mädchen, dass der Papa glaubt, die Mama betrüge ihn mit sieben Porsche fahrenden Liebesknechten. Sie entschloss sich, das Kind trotzdem mitzunehmen. Ihre Mutter sollte draußen aufpassen, während sie ins Krankenzimmer ging und Hackl anschrie.

»Du bist jetzt still! Jetzt hab ich die Melanie mit, sie will dich sehen, sie bringt dir Blumen, und du bist jetzt still, wenn sie da ist!«

Und erstaunlicherweise war das genau der Moment, in dem Melanie mit den Blumen hereinkam und sie auf den Tisch stellte, sich das erste Mal auf ihren Papa legte und ihn ansah. Stille. Maria konnte dieses Innehalten fühlen, wie wenn ein Engel durch den Raum fliegt. Dann merkte sie, dass Hackl unruhig wurde, und schob das Kind langsam Richtung Tür.

»Komm, Melanie, jetzt wird der Papa wieder müde«, sagte sie.

Das Mädchen war gerade bei der Tür hinaus, und er begann wieder zu schreien. Aber er hatte diesen Moment gehabt. Er dürfte sich gesagt haben: Jetzt muss ich mich zusammenreißen. Irgendetwas ist da durchgedrungen.

Und es gab Hoffnungsmomente, die Maria glauben ließen: Aha, vielleicht kommt er doch wieder zurück zu uns. Hierher auf diese Welt.

Seine Welt war ganz klein, komprimiert. Er hatte ständig Angst. Wartete auf die weißen Kittel, die auftauchten wie Gespenster. Jeder Mensch, der ins Zimmer kam, war etwas Wichtiges. Hatte etwas zu sagen. Jede Bewegung war eine Abwechslung. Er kannte die Schwestern, sie gaben ihm das Handy oder brachten das Essen. Sie erkundigten sich nach seinem Befinden. Ärzte kamen vorbei, machten ihre Visite.

»Werd ich wieder gesund?«, fragte er.

»Geduld, Herr Hackl, Geduld. Geben Sie sich Zeit.«

Und er versank wieder in seinen dunklen See. Wo genau er war, wusste niemand. Er auch nicht. Manchmal verhielt sich Hackl selber wie ein kleines Kind. Er saß mit Melanie auf einer Bank im Garten, die Sonne schien, das Gras duftete, die Rosen blühten und beide sangen ein Kinderlied. Eine Szenerie wie in einer Seifenoper. Und am Ende applaudierte der Papa. Bravo, Melanie, war das schön. Was geht hier ab?, dachte die Mutter. Es ist alles so arg. Obwohl. Egal, was wir machen, für sie sind es ein paar Minuten Glück. Die Kleine kann lachen.

»Schau«, sagte Hackl, »ich schenk dir einen Hut.« Er gab Melanie eine mintgrüne Chirurgenhaube.

»Schau«, sagte Hackl, »ich schenk dir eine Maske.« Er gab ihr einen Mundschutz aus dem OP.

»Schau«, sagte Hackl, »ich schenk dir eine Spritze.« Er gab ihr eine Plastikspritze ohne Injektionsnadel.

Konturen, Formen, Oberflächen. Linien, Kreise, Kugeln.

Das Leben zu begreifen, war für Hackl wie für Sisyphos der Stein. Immer kurz bevor er es zurück an die Spitze schaffte, rollte der Stein wieder den Berg runter. Unter keinen Umständen wollte er seinen Vater sehen. Er flehte seine Frau an, sie möge ihn ja fernhalten. Maria sagte Hackls Vater, es gehe noch nicht, er wäre noch nicht so weit. Auch seinen Schwiegervater wollte er nicht sehen. Nur die kleine Melanie. Und manchmal, wenn Maria ihm das Mädchen zum Bett legte, erkannte er sie nicht. Wie seine Frau, auch so eine Fremde.

Sie hielt seine Hand, und alles kippte. Er schimpfte sie eine dreckige Hure. Sie steckte das weg, auch den aufkeimenden Zorn, warum dieses Durchgangssyndrom nicht aufhörte, im Gegenteil, es wurde komplexer. Sie fragte sich: Wieso kriegt er gerade auf mich so eine Aggression? Natürlich hatte das nichts mit einem Normalzustand zu tun, auch nicht mit ihr. Es war nur diese Hilflosigkeit, die eine schreiende Ohnmacht erzeugte. Man kränkt sich, man wird wütend. Weil es nicht aufhört.

»Hast du's wieder mit ihnen im Porsche getrieben, hm?«, sagte Hackl.

»Weißt du was, Karli. Das tut mir jetzt einfach weh. Mir ist zum Heulen. Beschäftig dich allein. Ich fahr wieder nach Hause.« Und sie fuhr nach Hause.

Am 16. Mai feierten sie seinen vierundfünfzigsten Geburtstag im Krankenhaus. Melanie hatte ihrem Papa ein Haus gemalt, das Haus, in dem sie wohnen, damit er wieder heimkommt. Die Mutter brachte eine Sachertorte mit. Sie standen da mit ihren Geschenken und probierten, Happy Birthday zu singen. So, dachte Maria, müssen sich Frauen fühlen, die zu Weihnachten ihren Mann im

Gefängnis besuchen. Sie zündete die fünf Kerzen auf der Torte an. Hackl freute sich irrsinnig. Er wirkte halbwegs okay, fast ruhig. Aber er war nicht der Karli, er war etwas anderes, Merkwürdiges, mit Medikamenten Vollgestopftes. Ein Pflegefall.

Selbstmord. Das wäre doch eine Idee. Hackl war an dem Punkt angelangt, den jeder Schwerkranke irgendwann erreicht. Ich nehme mir das Leben. Die anderen haben's leichter, und ich auch. Bei seinem Schwiegervater, der zu Besuch kam, machte er Andeutungen. Maria war nicht da. Es könnte ganz schnell gehen. Der Schwiegervater erinnerte ihn an das kleine Kind. Schüttelte den Kopf. Das darfst du nicht. Denk nicht daran.

Hackl wartete, bis er draußen war, und ging ein paar Todesarten durch. Vergiften. Tabletten, wahrscheinlich müsste er Tabletten nehmen. Da spürt man nichts und schläft einfach ein. Ertrinken. Im Waschbecken? Außerdem, dachte er, muss das ein furchtbarer Tod sein. Der Kampf, wenn du keine Luft mehr bekommst und du irgendwann den Mund aufreißt und sich die Lungen mit Wasser füllen, wahrscheinlich fühlte sich das an, als würde man innerlich zerbersten. Verbrennen. Mit Spiritus übergießen und anzünden. Die Schmerzen, nein, wirklich nicht. Mit vierzig hatte er aufgehört zu rauchen und wollte mit Feuer nichts mehr zu tun haben. Erhängen. Mit dem Gürtel. Unwürdiger Tod, erinnert an Häf'n und heraushängende Zunge, ganz blau. Runterspringen. Aufs Dach gehen, und hopp. Der freie Fall, dann das Aufklatschen, man hinterließ eine fürchterliche Schweinerei. Ja, am besten waren die Tabletten. Wahrscheinlich würde er Tabletten nehmen und sich schlafen legen. Wo sollte er sie herbekommen? Die hatten hier viele Schränke mit heftigen Sachen drin. Zur Not würde auch eine Spritze reichen. Wenn man Luft injizierte, müsste es auch ganz schnell gehen. Aber morgen war auch noch ein guter Tag, um zu sterben. Er schloss die Augen und träumte von einer Lesung.

(Die Puppe gähnt.)

Die Therapien variierten wie seine Stimmungsschwankungen. Infusionen hier, Tabletten dort, rote, grüne, gelbe, blaue und weiße. Sie lagen in Schalen, eingeteilt von Montag bis Sonntag, und morgens, mittags und abends. Psychopharmaka, Analgetika, Corticoide, weiß der Teufel was. Seine Frau verlor den Überblick, und Hackl wusste sowieso nicht, was er da schluckte. Er begann wieder zu randalieren, zu schreien, zu wüten. In seinem Kopf tobte wieder der Sturm, tagelang, wochenlang. Intern nannte man ihn den Zombie.

»Frau Köstlinger«, sagte der Oberarzt, und dieser Tonfall kam ihr bekannt vor, »es geht nicht mehr. Wir werden Ihren Mann woanders unterbringen.«

Und so wurde der Patient aufs Neue weitergereicht. Ins Spital am Wiener Rosenhügel, zur Rehabilitation. Sicherheitshalber montierte seine Frau alle beweglichen Gegenstände im Krankenzimmer ab, Handtuchhalter, die er aus der Wand reißen könnte, oder Griffe, an denen er sich verletzen würde. Hackls Körper war übersät von blauen Flecken. Die Hämatome rührten von seinen Stürzen. Seine Frau versuchte das nackte Zimmer wohnlicher zu gestalten. Hackl wusste nicht, wie ihm geschah. Er wusste nicht, wo er war. Und er sah Dinge, die nicht da waren. Hanno Pöschl schaute vorbei und bekam eine kurze Gerade auf den Mund. Großes Chaos.

Pfleger rannten herbei, hielten Hackl fest, und ein Arzt drückte ihm eine Injektionsnadel in den Arm. Bis er nur noch völlig apathisch dasaß und ihm ein Speichelfaden aus dem Mund hing.

»Ich meine, so funktioniert das nicht«, sagte seine Frau.

Man hatte ihr gesagt, sie könnten mit dem Patienten etwas anfangen, ihn langsam an das Leben gewöhnen, mit kleinen Ballübungen und Sprachübungen und Bewegungsübungen, und das Einzige, was denen einfiel, war eine Dosis Haldol für Elefanten. Sie bekam einen Tobsuchtsanfall.

»Wenn ich nicht sofort alle Ärzte, die mit ihm was zu tun haben, hier auf einen Fleck zusammen habe, sprenge ich die Hütte in die Luft. Ich kann nicht mehr. Ich möchte endlich wissen, was hier gemacht werden soll, und warum man gesagt hat, dass er hierherkommen soll. Dass man ihn gaga spritzt? Kann nicht sein.« Das Gespräch fand dann sehr schnell statt.

Eine Schwester namens Gabi, entzückend in der Erscheinung und gütig vom Wesen, entpuppte sich als Engel. Sie versuchte, alles zu tun, damit man den Patienten nicht ins Nirwana spritzte. Schwester Gabi hatte einen blauen Gummiball. Erst legte sie den kleinen Ball auf Hackls Bett. Es dauerte eine Zeit, bis er ihn registrierte. Sie legte ihm den Ball in die Hand, um motorische Fähigkeiten zu testen. Er nahm ihn, sah ihn an, drehte ihn und warf ihn ihr hin. Sie schupfte ihn zurück. Er warf ihn ihr hin. Sie lächelte. So begann das Spiel mit dem blauen Ball.

An besseren Tagen gingen sie hinaus, zu dem großen Spielplatz gleich in der Nähe. Für Ende Mai war es erstaunlich warm, man konnte die Sonne spüren. Maria

Köstlinger kam vorbei mit Melanie und Hanno Pöschl. Sie dachte, Kontakt wäre gut, Körperkontakt, vielleicht hilft ihm das, das Riechen, der Duft des Kindes. Sie spielten mit dem blauen Ball. Hackl hielt inne.

»Da drüben ist mein Auto, und das parke ich«, sagte er. Und rannte los.

Hanno Pöschl holte ihn ein, packte ihn mit beiden Armen und aller Kraft: »Nein! Aus! Jetzt nicht!«

Hackls krude Fantasien beschäftigten sich neuerdings mit Autos. Er glaubte, sein Wagen stünde falsch, und er müsse ihn korrekt einparken. Immer wieder einparken. Schräg parken, gerade parken, verkehrt parken. Hauptsache parken.

Man machte sich ernsthaft Gedanken, ihn in eine psychiatrische Klinik einweisen zu lassen. Es gab da einen Universitätsprofessor, Doktor Otto-Michael Lesch, Leiter der Entzugsstation für Drogen und Alkohol im AKH. Die Intention war, zu schauen, dass Hackl von all den Medikamenten wegkommt.

Anfang Juni nickte der Professor. »Gut, ich nehme ihn.«

Ärzte haben manchmal eine Art, von Patienten zu sprechen, als wären es Hundebabys, die man an der Autobahn ausgesetzt hat. Welpen auf einem Rastplatz. Gut, ich nehme ihn. In dem Fall war's nur professionelle Großzügigkeit. Maria Köstlinger dachte an Heime, Anstalten, Pavillons mit besonderen Patienten. Verhaltensauffällig nennt man das in einer politisch korrekten Gesellschaft. Durchgeknallt würden wir sagen.

Hackl führte wieder seine kleine Horrorshow auf, die Lesungen, die Proben, zwischendurch verlangte er nach seinem Handy, meistens mitten in der Nacht. Um seine Frau anzurufen.

»Maria, schlafst du schon?«

»Es ist halb vier in der Früh.«

»Ja, aber schlafst du schon?«

»Jetzt nicht mehr.«

»Die Schwestern wollten mir mein Handy nicht geben.«

»Morgen nehme ich es dir weg, Schatz. Schlaf gut.«

»Ich ruf später wieder an.«

Die Dialoge mit dem Professor waren anders unangenehm. Er gab ihr das Gefühl, auf der Leiter des Ansehens gerade einmal die erste Sprosse übersprungen zu haben. Als würden seine Augen sagen: He, junges Pupperl, hast dir den Typen geangelt, einen prominenten Schauspieler, und jetzt ist es schön blöd gelaufen. Sie fühlte sich degradiert. Er machte ihr klar, wie die Verhältnisse zwischen ihnen liegen.

Auf der einen Seite: der Arzt von Gottes Gnaden, auf der anderen Seite: die Frau. Dazwischen wurden einseitig Fakten ausgetauscht. So wie beim Messerwerfen. Ein hübsches Mädel lässt sich auf die Drehscheibe festbinden, und der Artist schleudert ihr die Wurfmesser entgegen, die dann mit der Spitze möglichst knapp am Körper stecken bleiben und beim Aufschlag vor lauter Wucht vibrieren. Maria war mit dem Rücken auf die Drehscheibe geschnallt und die Messer des Arztes kamen verdächtig nah an ihr Gesicht heran.

Andererseits war sie froh, dass überhaupt jemand gesagt hat: Ich nehme ihn. Riskieren wir das einmal. Ich probiere es, diese Medikamentenbomben, die er bekommt, langsam, aber sicher abzusetzen, um zu sehen, ob er vielleicht wieder in einen normalen Zustand gerät. Sie kannte sich nicht mehr aus. Lag das nicht alles an diesem Durchgangssyndrom? Was sollte da besser werden? Hatten die Medikamente Einfluss auf die Genesung oder beschleunigten sie die Hochschaubahnfahrt in den Irrsinn? Medizinisch war das für sie alles Bahnhof. Aber sie dachte: Gut, fein, das ist gut, wenn man das einmal versucht und er da ist. Der Professor wird wissen, was er tut. Draußen, am Gang, rannen ihr die Tränen über die Wangen wie winzige Sturzbäche.

Hackls Blick war starr. Augen, in eine Leere gerichtet. Das weite Land. Diese Augen, mein Gott. Wie bei einer Bestattung mit offenem Sarg. Die Mittel abzusetzen, schien vernünftig. Und tatsächlich. Langsam, ganz langsam gewann der Blick an Farbe. Vielleicht nur minimal, aber ein bisschen lebendiger oder weicher. Ein Aufblitzen hie und da. Zeichen aus dem Inneren. Und die großen Aggressionsausbrüche wurden seltener. Man hat gemerkt, aha, es tut sich da was. Weil wie hat der gesunde Hackl früher immer gesagt: Aufgeben tut man nur einen Brief.

(Die Puppe nickt.)

Die nächste Audienz des Professors war überraschend.

»So, wir fangen jetzt an, indem er ein paar Stunden nach Hause kommt.«

»Wie bitte?«, fragte Maria.

»Ja, das machen wir jetzt«, sagte der Arzt.

»Wie soll ich das machen? Das geht nicht.«

»Geht nicht gibt es bei mir nicht. Alles geht.«

»Ja, aber ich bin alleine.«

»Sie haben, nehme ich an, Freunde, oder?«

»Ja, aber, ich weiß nicht ...«

»Sie werden Zeit haben, das müssen Sie sich einteilen, und zwar ab heute, und fertig.«

»Aber ich hab ein kleines Kind. Ich ...«

»Das interessiert mich nicht. Sie werden das schaffen. Und hören Sie auf mit dem Schluchzen. Es bringt nichts.«

Sie zog ihren Mann an, brachte ihn heim. Er saß neben ihr im Auto wie eine Puppe, sagte kein Wort. Als er den Garten am Schreiberweg betrat, sah er sich um und erkannte nichts. Seine Frau musste ihn stützen. Er stakste wie ein Roboter mit Wackelkontakt. Das Haus bedeutete nichts, die Treppen hinauf zum Eingang hätten auch in eine andere Krankenstation führen können, einerlei.

Hackl sah sich um. Mysteriös. Misstrauisch. Maria half ihm die paar Meter durchs Vorzimmer und weiter ins Wohnzimmer bis zur Couch. Hackl sank auf das Sofa und starrte auf den Holzboden, als läse er dort die letzten Geheimnisse des Universums. Melanie tollte herum. Mama, Mama, spiel mit mir. Nein, ich muss jetzt beim Papa sitzen. Ich will aber nicht, dass du beim Papa sitzt. Hackl schaute Richtung Fenster, dann zum Kamin.

Er schien sich an nichts zu erinnern. Nicht an die Küche und schon gar nicht ans Schlafzimmer. Sein Gesicht war kalkweiß, die Augen in den Höhlen versunken. Er saß da und sein Blick brannte ein Loch in die Zeit. Erstmals war er wieder daheim und doch so weit weg. Melanie sagte: Mama, spiel mit mir. Mama! Nach fünf Stunden brachte

Maria ihn wieder in die Klinik zurück. Der Professor war nicht mehr da.

Dass es schrittweise vorwärtsging, merkte sie erst nach Wochen. Mit Erstaunen stellte Maria fest, dass schon Juli war. Der Hochsommer hatte wenig Bedeutung. Er war eine Jahreszeit wie der Winter oder der Herbst oder, weiß Gott, wie der Frühling. Wenn ein Mensch, den man liebt, schwer krank ist, verliert man das Gefühl für Abläufe. Es ist, als würde man im unteren Teil einer Sanduhr sitzen.

Dann begannen die Wochenendaufenthalte. Der Professor hatte gesagt, es wäre an der Zeit. Die Eingewöhnungsphase sei überstanden, Hackl könne jetzt von Samstag auf Sonntag daheim bleiben. Heimschläfer. Seine Frau bekam einen Koffer voll Arznei in die Hand gedrückt.

»Da haben Sie Ihren Mann, auf Wiedersehen.«

In der ersten Nacht daheim starb seine Frau fast vor Angst. Jeder Seufzer konnte einen Ausbruch bedeuten, jede Bewegung einen Sturz. Maria fühlte sich als Versagerin. Sie konnte nichts tun, außer atmen und aufpassen. Sie wurde hysterisch. Melanie ging ihr nach, ihr Mann folgte ihr auf Schritt und Tritt. Ging sie die Stiegen hinauf, tapp-tapp-tapp. Ging sie ins Badezimmer, tapp-tapp-tapp. Sie badete ihn, weil sie dachte, das warme Wasser sei schonend für die Gelenke. Er bekam einen Anfall. Melanie hatte Hunger. Hackl rief nach ihr. Dauernd schrie er ihren Namen. Maria! Er war eingeknickt. Maria! Hackl war umgekippt und die Treppen heruntergepoltert. Er hatte sich den Kopf angeschlagen, genau bei der Operationsnarbe. Melanie begann zu weinen. Hackl konnte nicht aufstehen. Maria!

Jedes Mal, nachdem sie ihren Mann am Montag in der

Klinik abgeliefert hatte, hatte sie einen Nervenzusammenbruch. Und dann war auch schon August. Man merkte es daran, dass Hackl kurzärmelige Hemden trug.

An einem Dienstagabend stand er kurz vor Mitternacht auf, ging im Spital zur Rezeption und verlangte sein Mobiltelefon.

»Geben Sie mir sofort mein Handy.«

»Herr Hackl, wir haben Ihr Handy nicht.«

»Bitte, wie spät ist es jetzt?«

»Null Uhr neun.«

Er drehte sich um und ging wieder zu Bett. Fünf Minuten später stand er wieder an der Rezeption. Für ihn war Donnerstag.

»Rapid ist Meister geworden.«

Er dachte, Rapid, welche Liga? Wieso Meister? Das gibt es nicht, ich bin doch bei der Vienna.

Die Nacht hätte ruhig werden sollen, aber dann erschien ihm Klaus Maria Brandauer. Es ging um einen Wettkampf. Gert Voss war auch mit von der Partie. Wer ist der Beste, hieß die Show in Hackls Kopf. Sie spielten Fußball. Drei Schauspieler auf dem Feld, niemand im Tor. Tausende Menschen auf den Tribünen. Brandauer lag vorne, aber nur knapp. Voss hatte sich am rechten Oberschenkel verletzt und humpelte. Hackl holte auf. Rannte Brandauer nach. Foulte ihn. Der Ball rollte weiter zur Torlinie, und der Schiedsrichter pfiff nicht. Hackl sah den Ball nicht mehr. Er stand plötzlich im Out. Niemand schien das zu interessieren. Tooor!

Die Dinge sind nicht immer so, wie sie scheinen. Leute

kamen ins Zimmer, oder doch nicht. Geräusche in der Wand. Ein Kratzen. Drüben ein Schleichen. Hinten ein Pochen. Unten ein Schmatzen. Ist da wer? Geht da wer? Kommt da wer? Steht da wer?

Der Professor entschied, dass der Patient nun reif sei für das neu ausgebaute Rehabilitationszentrum am Rosenhügel, das sei genau das Richtige für einen Patienten wie ihn. Damit er zu Kräften kommt. Hackl kam dorthin und ließ Brandauer zurück am Fußballfeld. Das Stadion war längst leer.

Maria Köstlinger lernte ihr Auto neu kennen. Der blaue Mini wurde ihr zweites Zuhause. Für die Strecke von Döbling nach Hietzing braucht man gut fünfundvierzig Minuten. Wenn man dreihundertmal hin und dreihundertmal zurückfährt, macht das siebenundzwanzigtausend Minuten oder vierhundertfünfzig Stunden oder achtzehn Komma fünfundsiebzig Tage Wegzeit. Und zwar nur, um ihren Mann zu besuchen. Am Wochenende holte sie ihn vom Rosenhügel ab, brachte ihn montags wieder zurück. Und täglich fährt das Murmeltier. Wenn Melanie fragte, was die Mama macht, sagte sie: Ich bin auf der Straße. Im Vergleich zu ihrem Mini war sie schlecht dran. Den Wagen konnte man auftanken, sie nicht.

Dann kamen zwei Serienangebote, eine Episodenrolle in Kitzbühel und eine in Gmunden, und es war ja dieser traumhafte Sommer, durchgehend schönes Wetter, kein Regen, zumindest draußen. Sie sprach mit Hackls Töchtern und mit seiner Exfrau und deren Mann und sagte, sie würde das gerne machen, die Rollen annehmen, ein bisschen rauskommen aus Wien. Alle erklärten sich bereit, ihren Mann regelmäßig zu besuchen und ihn auch nach Hause zu bringen, weil er in gewohnter Umgebung genesen oder sich wenigstens aufhalten sollte. Ihre Eltern kamen mit Melanie mit nach Kitzbühel und auch nach Gmunden. Maria drehte *Schlosshotel Orth*; genau die richtige Ablenkung. Sie mietete sich ein im besten Hotel, lag am Pool, ging shoppen und Eis essen. Lauter normale Dinge. Alles, was andere Leute auch machen. Und Kraft tanken. Super voll. Wie der Mini.

Als sie nach Wien zurückkam, teilte man ihr mit, sie müsse ihren Mann entmündigen.

Es ging um Medikamente und Unterschriften und Bankgeschäfte, sie müsste das alles unterschreiben. Ihrem Mann hatten die Ärzte, die Banken und die Versicherungen das Vertrauen entzogen. Es lag an ihr, die Geschäfte zu übernehmen. Sie dachte, irgendwann könnte das sicher wieder revidiert werden. Ein Richter oder ein Notar oder wer zum Henker sonst würde ihren Mann wieder zum Staatsbürger erklären, zu einem ordentlichen Mitglied der Menschheit.

Der September war kühl. Die Ärzte rieben sich die Hände. So. Die Chemotherapie ist abgeschlossen, ließ man ausrichten. Alles fertig, alles verabreicht. Jetzt läge es an, nun ja, an ihr, weiterzumachen, respektive an ihm. Maria verstand nicht ganz, was das hieß. Der schulmedizinische Part war abgeschlossen. Ende der Krankengeschichte, Zuständigkeitsbereich abgegeben, Akt geschlossen. Niemand konnte ihr sagen, an wen sie sich wenden könnte, wenn niemand mehr zuständig war. Sie kam sich vor wie in einem Flugzeug, dreißigtausend Fuß über der Wirklichkeit. Und jemand sagt: Bitte aussteigen.

Das B-Zellen-Lymphom, das ihrem Mann aus dem Kopf operiert wurde, ist ein sehr aggressiver Krebs. Überlebt man den, hat das auch seine guten Seiten: Dieser Krebs kommt praktisch nie wieder. Die Ärzte berichteten auch, dass der kleine Krisenherd, der übrig geblieben war, durch die Cortisongeschichte erledigt ist. Was man ihr nicht sagte, war, dass der Patient trotzdem regelmäßig kontrolliert werden muss. Das Wo, Wie und Wer.

Überall Sackgassen in diesem Labyrinth.

(Die Puppe dreht sich einmal halb im Sessel zum Hackl im weißen Krankenhaushemd und dann wieder zurück.)

Das mit den Kontrollen bekamen sie in den Griff, recht schnell. Regelmäßig sollte man schauen, nur zur Sicherheit, am Anfang alle drei Monate. Erst nach fünf Jahren, hieß es, könne man durchatmen. Bis dahin bestehe, auch wenn es unwahrscheinlich sei, immer die Möglichkeit eines Rückfalls. Das Leben in der Unsicherheit begann. Jedes Zeichen konnte bedeuten: Zurück zum Start. Jedes Mal, wenn Hackl über Kopfschmerzen klagte und sagte, er lege sich jetzt besser hin, schrillten bei seiner Frau die Alarmglocken. Kommt es zurück? Ist es schon da? Hat sich der Krebs wieder in seinen Kopf zurückgefressen?

Hackl sah langsam wieder besser aus, war aber noch weit weg von sich selbst. Er war verschoben. Eine andere Figur im selben Theater.

Maria Köstlinger bekam ein Angebot für eine Rolle in der Verfilmung des Wolf-Haas-Bestsellers *Silentium.* Was macht man da?, dachte sie. Hackl war wieder in eine brachiale Eifersuchtsphase geschlittert. Sie entschied sich für den Dreh. Sagte ihm noch am Telefon, Schatz, nur damit du weißt, wir haben heute einen Nachtdreh, ja? Nach dem Einsatz vor der Kamera schaute sie auf ihr Handy. Siebenundzwanzig Anrufe in Abwesenheit, alle von ihrem Mann. Sie rief zurück.

»Geht's dir noch gut, oder was ist eigentlich los?«

»Ich hab versucht, dich zu erreichen. Und, also, du, ich mein ...«

»Ich hab dir doch gesagt, ich drehe in der Nacht. *Silentium*. Der Film.«

Stille zog keine ein im Hause Hackl. Der Professor vom AKH schlug vor, es wäre vielleicht vorteilhaft, zusätzlich eine Therapie zu machen. Er nannte einen Namen, und zu der Dame gingen dann beide hin. Die Psychologin war gut, so wie die Kinesiologin und die Physiotherapeutin in weiterer Folge auch.

Bei schweren Krankheiten hat man weniger Freunde, kennt dafür mehr Ärzte.

Mit den Aggressionen und Bösartigkeiten, wie sie im Spital aufgetreten sind, war es jedenfalls vorbei. Auf der Suche nach sich selbst schien Hackl den richtigen Weg eingeschlagen zu haben. Auch wenn er oft nur dasaß und in das Grenzland zwischen der Vergangenheit und der Gegenwart starrte. Er fiel ganz plötzlich in diesen Bewusstseinszustand hinein, wurde zur Statue und machte jedes Gespräch zu einem Monolog.

Seine Frau dachte: Das muss irgendwie besser werden, das muss irgendwie anders werden, das gibt es nicht, das kann nicht sein.

Hackl dachte: ...

Seine Frau dachte: Wenn das jetzt so bleibt, um Gottes willen, was macht man dann?

Hackl dachte: ?

Hackl dachte: ...

Hackl dachte.

Und man spürte seinen Willen.

Die Journalisten interessierten sich brennend für seinen Zustand, eigentlich immer schon, seit bekannt geworden war, dass Hackl an Krebs litt. Marias schlimmste Vorstellung waren Paparazzi, die sich ins Krankenhaus einschlichen und ihn im ungünstigsten Licht abschossen, wie seinerzeit Harald Juhnke oder Klaus Jürgen Wussow. Sie wollte auf keinen Fall, dass Bilder von seinem Siechtum auf Titelseiten erschienen mit all dem Getue und dieser bukolischen Betroffenheit. Deshalb gab sie einen Informationsstopp aus, was die Journalisten unsäglich wurmte.

Sie sprach, wenn es ging, mit jedem von der Zeitung, versprach dann zwei Zeitschriften, dass sie sich für ein Interview melden würde, sobald sie mehr wüsste und sich die Dinge annähernd geklärt haben, dann könne sie auch öffentlich etwas sagen, aber vorher bitte nicht. Und das respektierten die Journalisten anscheinend doch. Niemand kauerte in der Krankenstation hinter einem Philodendron oder lugte bei ihnen im Garten zwischen der Hecke hervor, um ins Haus zu blitzen. Medien-terroristisch gesehen, ließ man Hackl leben.

Er selbst war lang noch nicht bei Sinnen. Hanno Pöschl schaute wieder einmal vorbei, daheim bei ihnen am Schreiberweg.

Hackl sagte: »Du musst mich in einen Flieger nach Spanien setzen.«

»Nein, das kann ich nicht«, sagte sein Freund.

»Was, du Trottel«, schimpfte Hackl, »du Depp bist also

nicht imstande, mich in einen Flieger nach Spanien zu setzen.«

»Was wäre denn in Spanien?«, fragte Pöschl.

Hackl überlegte, schwieg, senkte den Kopf. Er kam sich selber spanisch vor. Pöschl klopfte ihm auf die Schulter. Passt schon.

Freundschaft ist ein dehnbarer Begriff. Viele sogenannte oder gute Bekannte wandten sich ab. Nicht jeder brachte in die Situation dieses Verständnis ein, wie es sonst nur Eltern oder die Familie haben. Maria Köstlinger merkte, dass sich manche Menschen in ihrem Umfeld zurückzogen. Oder es grundsätzlich ein bissel unprickelnd fanden, wenn sie die ganze Zeit heulte und ihr Mann einen Kieselstein beobachtete.

Die Leute denken: Wahnsinn, die Partie zieht einen ordentlich runter. Sagen tun sie was anderes: Sorry, Maria, wir können nicht zum Grillen kommen, wir haben grad die Handwerker im Haus, weißt eh, der Wintergarten und der Pool, das kann Monate dauern. Geht's dem Karli eh gut? Lass ihn schön grüßen, gell? Wir hören uns.

Wenn Gäste da waren und ihre Blicke sich kreuzten, auf diese besondere Art, einer Mischung aus Hochmut und Niedertracht, dann sprang Maria für ihn in die Bresche: Ja, tut mir leid. Ich bin grundsätzlich ein wahnsinnig lustiger Mensch und spiel auch gerne den Kasperl. Aber jetzt im Moment ist das nicht drin. Die Leute akzeptierten das und kamen nie wieder.

Mit der Zeit überlegte sie, professionelle Hilfe aufzusuchen oder eine Stelle zu finden, wo eine Person mit gütigen Augen sitzt und einfach einmal zuhört, wie man sich alles von der Seele redet, wo man keine Rücksicht nehmen muss, dass jemand sagt: Ah, schon wieder. Ich will's eigentlich gar nicht mehr hören, weil das zieht mich so runter.

Es dürfte grundsätzlich eine Schauspielerkrankheit sein, dass Leute am Theater glauben, sie hätten ihren Beruf als Therapie und müssten sich nicht auch noch in einer Praxis auf die Couch legen. Maria suchte trotzdem Hilfe, eine Zeit lang, bis ihr Selbstwertgefühl wieder Konturen annahm. Vielleicht war es nicht der richtige Zeitpunkt oder nicht die richtige Person, ihr war einfach nicht wohl bei der Sache. Einerseits irrsinnig anstrengend, Termin vereinbaren, hinfahren, obwohl man weder Zeit noch Lust auf ein tiefenforschendes Gespräch hat. Eigentlich wollte sie sich für etwas Feineres Zeit nehmen, mit einer Freundin auf einen Kaffee gehen oder Klavier spielen.

Dennoch probierte sie mehrere Therapeutinnen aus. Redete darüber, wie alles hergegangen ist. Von der Diagnose bis zum Jetzt. Über die Zukunft zu sprechen, traute sie sich nicht. Die Zukunft saß daheim und raufte sich die Haare.

Hackl hatte Probleme mit den Pupillen. Im Bad konnte er die Schrift auf Medikamentenpackungen nicht lesen. Alles verschwommen. Ich seh nichts mehr, dachte er. Jetzt werde ich auch noch blind.

Er ging ins Wohnzimmer, schaltete den Fernseher auf Teletext um und sah nur Hieroglyphen. Der Optiker hatte ihm mehrere Brillen verschrieben, keine brachte den Durchblick. Hackl erkannte Buchstaben, konnte sie nicht entziffern, verstand den Sinn des Lesens nicht. Alles stockte. Wo waren die kleinen Fortschritte? Wieso geht nichts weiter? Er befürchtete einen Umschwung ins Gegenteil, einen Rückfall. Ihn umhüllte ein Kokon aus Unsicherheit. War er in der Klinik, wollte er zurück nach Hause. War er daheim, wollte er zum Rosenhügel. Seine Frau flehte er an, sie möge ihn ja pünktlich hinbringen. Er musste sich dort beim Eintreffen melden und hatte Angst, zu spät zu kommen. Womöglich nahm ihm das jemand übel und strich den Heimurlaub. Womöglich sperrten sie ihn ein, nahmen ihn in Einzelhaft. Alle Anweisungen, die er bekam, befolgte er. Sagte ja. Immer ja. Ja. Zu allem und jedem. Ja.

Ja. Ja.

Stück für Stück baute er sein Leben wieder zusammen. Wie bei einem Puzzle. Ein Teil fügte sich in den nächsten, manche passten, andere spießten sich. Man musste nur so lange probieren, bis die Bausteine des Daseins etwas Sinnvolles darstellten. Er merkte, wie er seine Füße wieder spürte. Bis dahin hatte er kein Gefühl in den Zehen, in den Schuhen, er konnte gehen, schon, aber die Zehen waren für ihn wie der Blinddarm: auch da. Der Körper gewann jetzt offenbar an Kraft. So schön können Füße sein, dachte er. Sie bewegten sich und er konnte es fühlen. Er war daheim und spürte sich.

»Möchtest du vielleicht mit mir tanzen?«, fragte Maria.

»Ich weiß nicht, ich ...«

»Komm, wir probieren es ganz langsam.«

Maria schaltete den CD-Player ein. *New York, New York* von Frank Sinatra. *Start spreadin' the news*. Sie schnappte ihren zittrigen Galan, zaghaft die ersten Schritte. Vorsichtig. Hackls Augen leuchteten. Er wiegte sich mit ihr zur Musik. Spürte seine Zehen. Spürte seine Frau. Den Duft ihrer frisch gewaschenen Haare. *If you can make it there, you can make it everywhere.* Sie tanzten.

Bei jedem kleinen Durchbruch, jedem winzigen Erfolgserlebnis fragte er:

»Maria, bin ich schon gesund?«

»Es ist ein bisschen besser«, sagte sie, »aber noch lange nicht ... gut.«

Ihn einerseits mit der Wahrheit zu konfrontieren, war für sie furchtbar. Sie war der Buhmann, der zur Geduld mahnte. Andererseits schien es ein Ansporn zu sein, damit er weiter an sich arbeitete. Ohne Unterlass fragte er weiter, bohrte, wollte immer dasselbe wissen.

»Wann ist es besser? Ist es schon besser geworden?«

»Ja«, sagte sie, »jetzt merkt man schon Fortschritte.«

»Was ist es jetzt, und wie ist es jetzt?«

»Schatz, es ist schon besser, aber natürlich ist es noch nicht so viel ...«

»Was ist nicht so viel?«

Durch die Krankheit war vieles anders geworden. Die Ungeduld schwoll an. Hackl wollte, dass das alles schneller geht. Er wollte rennen, rennen, watete aber in einem Sumpf. Obwohl er sich anstrengte, kam er nicht weiter. Manchmal trat er auf der Stelle oder versank im eigenen Leid.

Er fühlte sich, als wäre er aus Zellophan. Als könnten die Menschen durch ihn durchschauen und würden ihn gar nicht registrieren. Seine Frau sah ihn manchmal so sonderbar an. Sah sie ihn? Sah sie den Zellophanmann? Das Durchgangssyndrom müsste längst geheilt sein.

»Bin ich schon gesund?«

»Es wird schon werden, Schatz.«

Tage, Wochen, die Zeit war zähflüssig. Sie musste schauen, dass er in eine Art Selbstständigkeit zurückfand. Einem Menschen, der sein ganzes Leben wie ein Löwe gearbeitet hatte, konnte sie nicht sagen: Warte einfach. Tu jetzt meditieren. Oder gehen wir spazieren. Hackl wollte mit aller Macht an das Früher anknüpfen. Den Seidenfaden aufheben und sein anderes Ich, den Gesunden, herbeiziehen. Es ging nicht.

(Die Puppe zuckt die Schultern.)

Bei einer Physiotherapeutin in Döbling übte Hackl das Leben in seiner einfachsten Form. Sie hatten mit Bällen begonnen, die Reaktionen geübt. Er musste auf einer Linie gehen, balancieren, im Kreis laufen. Aber viel wichtiger war das Verbeugen. Aufstehen vom Tisch und verbeugen. Er übte es Stunden, bis es so aussah wie früher.

Im Rehabilitationszentrum Rosenhügel bekam er täglich Besuch. Maria kam vorbei wie ein frischer Wind, die Töchter, manchmal sogar sein Vater, mit dem er auf einen Kaffee ging. Er sprach nicht viel mit ihm. Ein Freund hatte ihm erzählt, dass sein Vater gesagt hatte: Jetzt bin ich schon so alt, und jetzt stirbt mein Sohn.

»Wie geht's dir?«, fragte sein Vater.

»Ja, es geht«, sagte Hackl.

Zwei Wochen später starb sein Vater. Hackl dachte an früher. Schämte sich, weil er nicht weinen konnte. Die Beziehung war eine Hassliebe mit mehr Distanz, als eine Vater-Sohn-Beziehung vertrug. Er sprach mit Maria, sie hörte zu. Hackl begrub die Gedanken.

Weil er sich nicht in die Arbeit verbeißen konnte, suchte er etwas, wovon er zehren konnte. Etwas, das wieder Bewegung in die leere Hülle brachte. Etwas, das den inneren Motor anwarf. Hackl bekam von einem Therapeuten Stöcke und begann mit Nordic Walking. Er ging los, erst langsam und unsicher, rechter Stock, weiter, linker Stock, weiter, bis er seinen Rhythmus fand und marschierte, Runden drehte, marschierte. Er ging einfach los, schwang seine Stöcke, rechts, links, rechts, links, und wurde immer schneller. Langsam.

Im Rehabilitationszentrum am Rosenhügel ging's bergauf. Essenziell an der Sache war der Stundenplan. Er begann um neun in der Früh, saß eine Stunde am Computer und drückte Tasten, um die Reaktionszeit zu testen. Dann ging er in den Gymnastikraum, marschierte mit einer Ärztin eine halbe Stunde im Kreis. Dann kurz aufs Laufband, unterste Stufe. Dann Nordic Walking im Garten. Besucher kamen ihm entgegen. Er musste versuchen, den Linksdrall zu korrigieren. Es zog ihn immer leicht nach links. Manche Besucher grüßten ihn und nickten ihm zu. Es wird schon, Herr Hackl. Nordic Walking bis eins. Am Nachmittag war Besuchszeit, bis zum Abendessen, ein bisschen Fernsehen, und dann fielen ihm die Augen von allein zu. Am nächsten Tag der gleiche Ablauf. Nach dem Frühstück Trainingsanzug und Sportschuhe anziehen, die Übungen am Computer, und dann der Sport.

Hackl bekam eine Aufgabe. Etwas, woran er sich halten konnte. Eine Regelmäßigkeit, die die Mäander seines Denkens wieder entwirrte. Frühstück, Koordinationstraining, Physiotherapie. Und Nordic Walking. Hackl zog seine Runden durch das Areal. Schönes Wetter. Er hatte einen Marschweg, von dem er nie abwich. Eine Stunde ging er mit einem Lehrer, dann musste er dieselbe Strecke erneut abgehen.

Eine verhärmte Dame, die wie er nach einer Kopfoperation am Rosenhügel auf Therapie war, ging ebenso ihren Weg mit den Stöcken. Hackl redete nicht mit ihr; sie schaute ihn immer an, als wäre er ein Freak. Etwas, das gerade aus dem Sumpf gekrochen ist. Mit ihren Stöcken ging sie verdammt schnell und irrsinnig ehrgeizig, den Kopf immer ganz oben. Hackl ging es darum, schneller zu sein, sie beim Nordic Walking zu überholen. Sie merkte das und legte einen Zahn zu. Er schwang die Stöcke schneller, vor, zurück, rechts, links, schneller, du musst an ihr vorbei. Er besorgte sich eine Stoppuhr. Sie merkte das und hatte plötzlich auch eine. Am Ende des Tages hatte er immer die besseren Rundenzeiten. Er hatte seine Gegnerin besiegt. War da ein kleines Lächeln? Er stand da, oben am Hügel, leicht vornübergebeugt, und keuchte. Morgen würde er dem Krampen noch zwei Sekunden abnehmen, vielleicht sogar drei, daran bestand kein Zweifel.

»Bin ich schon gesund?«

»Schatz, du musst dir Zeit lassen, es wird. Es wird.«

Die Wertigkeiten verschoben sich. Gar nicht mal so schlecht. Hackl war herausgetreten aus der völligen Abhängigkeit und bekam eine Ahnung, wie es hier zugeht, auf dieser Welt. Er ließ die Schatten dort, wo sie hingehörten, die Dämonen von drüben wurden leiser und die Drachen verkrochen sich in den Höhlen. Daheim am Schreiberweg stand er vor seinem schwarzen BMW Z5. Der Geländewagen war lange nicht bewegt worden. Er öffnete die Autotür, setzte sich hinein, umgriff das Lenkrad ganz fest. Er steckte den Schlüssel an, drehte ihn um, der

Motor spuckte kurz und sprang an. Hackl legte den Gurt an, schaltete die Automatik von P auf D. Schluss mit parken, jetzt wird gefahren. Er fuhr nach Gars am Kamp, um einen Freund zu besuchen. Als er zurückkam, schlang ihm seine Frau die Arme um den Hals.

»Bin ich schon gesund?«, fragte er.

»Schatz, du bist Auto gefahren! Das ist ja ... wunderbar.«

»Vorne hat er einen kleinen Kratzer.«

»Ist was ...«

»Nein, nein, nichts Dramatisches. Bei einer Kreuzung hab ich vorn wen angestupst. Der Mann war nett. Hat mich erkannt. Hat gesagt, oh, sind Sie nicht der Karlheinz Hackl? Er hat mir die Hand gegeben, kurz geschaut, ob was mit seinem Volvo ist. Und dann ist er weitergefahren.«

»Schatz, bitte sei vorsichtig. Es ist noch nicht gut.«

»Wieso, bin ich denn nicht schon gesund?«

»Du ...«

»Bin ich schon gesund?«

»Bin ich schon gesund?«

»Bin ich schon gesund?«

Bis er die Frage nicht mehr stellte, bis Hackl, der andere, wieder zu dem Ausnahmeschauspieler wurde, bis er und seine Familie überzeugt waren, diese Zeit der Schmach und Schmerzen überwunden zu haben, bis dahin vergingen noch drei Jahre. Größere Ereignisse hielt man auf Fotos fest. Das erste Osterfest, Hackl sah grauenhaft aus auf den Bildern. Weihnachten oder Geburtstage, seiner, ihrer oder der von Melanie. Auf manchen Fotos war er wieder da, dieser starre Blick. Die nächsten Ostern, die nächsten

Weihnachten, die nächsten Geburtstage. Die Fotos waren besser, polychromer, mit satterer Farbe. Drei Jahre vergingen, bis sich die Schleier verzogen. Bis sich der Nebel in seinem Kopf lichtete. Bis alles wieder ganz klar war. Deutlich. Intensiv.

Ende 2006 war er wieder da. Stand aufrecht auf der Bühne des Lebens. Groß, schlank, genesen.

(Der Hackl im weißen Krankenhaushemd steht auf und geht zur Puppe. Sie sitzt noch immer ganz ruhig da, aber sie schaut ihm zu. Er trägt sie mitsamt dem Sessel nach hinten in die Kulisse und stellt sie ab. Er zieht das weiße Krankenhaushemd aus und ist wieder er selbst. Er rückt sich die Leselampe zurecht, er schließt das zweite Buch und schaut ins Publikum.)

Karlheinz Hackl ist wieder da.

(Die Puppe sitzt im Dunkeln und schließt die Augen. Das Publikum sieht es nicht, aber jeder spürt es.)

Ich bin wieder da.

Große Pause.

Im Theater ist es, als könnte man eine Eintrittskarte fallen hören. Die Zuschauer sind berührt, noch mitten drinnen in dem, was ihnen gerade dargeboten wurde. Sie haben noch nicht in ihr Leben gewechselt. Niemand spricht, laut schon gar nicht, man ist leise aufgewühlt. Man fühlt mit dem Menschen, der da oben seine Geschichte erzählt hat. Nicht einmal die Brünette piepst.

Während sich die Leute die Füße vertreten, erholen sie sich. Aber die Stimmung bleibt, und man geniert sich nicht dafür. Da hat einer was Großes geleistet, das will man sich nicht kaputt reden. Hier und dort sagt jemand: Beeindruckend. Oder: Da gehört schon ein Wille dazu. Selbst die vier Damen sind ergriffen, für ihre Begriffe.

»Man kann sich ja gar nicht vorstellen, was man da mitmacht«, sagt die ganz Nette. »Diese Angst, diese Orientierungslosigkeit. Und dass man nicht weiß, ob das jemals wieder gut wird. Da leiden ja alle mit.«

»Überhaupt die Frau«, sagt die Adrette, »stellts euch das einmal vor, die war dreißig, wie er krank geworden ist, da hat man ja noch ...«

»Und wie viel? Drei, vier, fünf Jahre lang?, wie sich das zieht«, meint die Brünette. »Ich mein, das sind ja die besten Jahre. Da könnt man schon leicht sagen: Du, Schatzi. Also, ich hätt mir das schon überlegt. Weil andere Mütter haben auch schöne Söhne und Schauspieler gibt's eh so viele.«

Die Kokette wirft ihr einen Blick zu, der wehtut. »Aber keinen Hackl, so einer ist selten.«

»Ich hab einmal gehört, er war der jüngste Kammerschauspieler in Österreich, damals«, sagt die ganz Nette.

»Wollts keinen Sekt mehr?« Die Brünette hat sich wieder gefangen. »Also, ich schon. Ein Glaserl geht sich immer aus.« Sie trippelt Richtung Buffet.

Die ganz Nette schaut ihr nach und sagt: »Manchmal geht sie mir schon auf die Nerven. Hoffentlich will sie nachher nicht hinter die Bühne und ihm Kraft geben.«

Dritter Aufzug

(Karlheinz Hackl betritt die Bühne. Langsam, er übereilt sich nicht auf seinem Weg zu dem kleinen Holztisch. Er ist gelassen. Er ist sicher. Er ist souverän. Das Publikum hält ihn auf. Der Applaus ist berauschend. Hackl nimmt ihn wie ein Geschenk, das man nicht auspacken braucht. Er bleibt stehen, kostet ihn aus. Dann setzt er sich. Und beginnt zu lesen.)

»Ich bin auf die Bühne gegangen. Ganz langsam, es war ein furchtbar langer Weg zu dem kleinen Holztisch. Ich war nervös. Ich war unsicher. Ich war irritiert. Das Publikum hat mich aufgehalten. Das war ein Applaus, der war überwältigend. Ich habe ihn genommen wie ein Geschenk, das ich nicht auspacken brauchte, das hätte ich auch nicht gekonnt. Ich bin stehen geblieben und habe ihn bis in jede Faser ausgekostet. Ich hab ihn gespürt wie eine unglaubliche Kraft, die durch mich durchfließt. Dann hab ich mich hingesetzt. Und zu lesen begonnen.«

(Es war am 21. April 2004 im Akademietheater. Karlheinz Hackls erster Auftritt nach seiner Krankheit. Sein Comeback. Er las *Amüsantes – Amouröses,* ein Programm, das er vier Jahre davor im Theater Akzent vorgetragen hatte. Texte von Ovid über Goethe, Schiller und Heinrich Heine bis Alfred Polgar, Fritz Grünbaum und Trude Marzik.)

»Ich habe Angst gehabt, dass meine Koordination nicht funktioniert, dass ich gar nicht auf die Bühne gehen kann. Gehen war ja noch ein sehr bewusster Vorgang damals. Ich habe Angst gehabt, dass ich mich nicht setzen und erheben kann. Dass ich die Kraft nicht habe, das durchzustehen. Und ich konnte ja nicht nur eine halbe Stunde lesen, es musste schon eine Stunde dauern, zumindest.

Ich habe alles üben müssen. Alles, was man einfach so

macht als gesunder Mensch und nicht nachdenkt drüber. Jede einzelne Bewegung hab ich probiert und probiert. Also, einmal abgesehen von allem anderen, Text merken, sprechen, den ganzen Auftritt. Die Leute werden geglaubt haben, es ist eh nur eine Lesung, die ich mir da in den Kopf gesetzt habe, obwohl ich körperlich noch nicht so weit war. In Wahrheit gehört ein Rezitationsabend zum Schwersten, was es für einen Schauspieler gibt.

Sicher, ich musste nicht spielen. Das wäre mir auch noch nicht möglich gewesen. Ich hab schon Probleme gehabt, wenn ich nur gesessen bin. Der Vorteil war, dass ich da am Tisch starr vor mich hinschauen konnte, auf den Text, der vor mir gelegen ist. Das ist gegangen. Rechts und links ging nicht, da habe ich nichts wahrgenommen. Und das Aufstehen und Weggehen war schwer. Da bin ich gegeigelt. Ich habe sogar das Verbeugen extra üben müssen, das war fast das Schwerste. Ich war schon noch sehr weit von mir entfernt.

Aber längst viel näher als damals, im Krankenhaus, wo mich einmal eine Ärztin gebeten hat, ob ich dort eine Lesung mache, die haben angeblich einen sehr schönen Lesesaal. Der Termin ist dann wieder abgesagt worden, weil die wichtige Leute einladen wollten, aber keiner gekommen ist. Beim Doktor Lesch im AKH hab ich dann tatsächlich gelesen. In der Mittagspause. Da waren genau acht Leute im Saal. Hab ich halt vor acht Leuten gelesen. Damals hat keiner geglaubt, dass ich je wieder auftreten werde. Nur mein Lebensretter, der Doktor Perneczky, hat mir immer gesagt: Herr Hackl, ich werd Sie noch einmal spielen sehen. Recht hat er gehabt. Ich war sehr glücklich damals.

Jetzt werd nur nicht hochmütig, hat der Zilk zu mir gesagt. Aber das war ich eh nie und bin es auch nicht geworden. Ich renne brav zu den Untersuchungen, ein-, zweimal im Jahr unbedingt, und jedes Mal, wenn mir irgendwas komisch vorkommt. Weil eins weiß ich jetzt: Besser, man erfährt es früher, wenn was ist, weil man dann noch was machen kann.

Eine Zeit lang war ich auch so unglaublich positiv, nach der Krankheit. Direkt nach der Reha wollte ich jeden auf der Straße umarmen. Ich, der Negativdenker, war allem und jedem gegenüber positiv aufgeschlossen und empfangsbereit, wildfremden Leuten gegenüber. Das hat sich jetzt allerdings wieder geändert. Jetzt bin ich immer ein bissel schlecht aufgelegt.

Und ungeduldig. Auch mit meiner Frau und mit meinen Kindern. Dann werde ich gern lauter. Was ich mich beim Autofahren ärgern kann, wenn einer nicht weitertut. Trottel!, schrei ich dann, und meine Kleine, die Melanie, sagt mir: Papa, du sagst immer Trottel, das darf man nicht. Dann sag ich halt: Ja, fahr doch! Oder: Schau net so deppert. Ist auch nicht besser als Trottel.

Überhaupt kann mir nichts schnell genug gehen. Was ja blöd ist, weil die Zeit ist doch unser Feind, da ist es kein Fehler, wenn sie langsamer vergeht. Das müsste man schätzen nach so einer Wiedergeburt, man schätzt ja anderes auch mehr als früher. Die Beziehung, die Kinder, jeden Restaurantbesuch.

Das Bewusstsein ändert sich vollständig. Im Großen wie im ganz Kleinen. So simpel das klingt, aber man steht zum Beispiel auf und geht aufs Klo, und man tut das nicht nebenher, man freut sich. Früher ist man halt aufs Klo gegangen. Das ist der positive Effekt. So wie die Eitelkeit jetzt weg ist. Auch ein Segen.

Anderes hat sich zum Schlechteren entwickelt. Wenn ich jetzt zum Beispiel über die Straße gehe, habe ich, ehrlich gesagt, Angst. Ah, denk ich mir, da kannst du überfahren werden. Man macht alles vorsichtiger. Das kommt sicher auch von dem unglaublich kleinen Selbstvertrauen, das man nach so einer Krankheit hat. Ich war maßlos verunsichert.

Man kann nur versuchen, jeden Tag zu genießen. Ich würde die Dinge gern wieder etwas rosiger sehen, wenn es dafür nicht schon zu spät ist bei so einem alten Pessimisten. Da nützt es, wenn man lachen kann. Alles in sich hineinzufressen, verbittert. Lachen ist eine sehr gute Therapie. Ein Kind, sagt man, hat weniger Falten, weil es mehr lacht. Lachen macht zwar auch Falten, aber andere. Charly Chaplin hat gesagt, ein Tag ohne Lachen ist ein verlorener Tag. Und ich kann gut lachen. Mit meiner Frau, und über sie. Auch über mich, ich hab ja eine recht zynische Ader. Lachen hilft, weil du in dem Moment vergisst, dass der Tagesablauf eh meistens bitter ist.«

(Karlheinz Hackls Tage sind ausgefüllt. Er ist ein Workaholic geblieben.)

»Ich mach sehr viel. Immer noch. Nicht wie früher mit Proben und Vorstellung und Auftritten fast jeden Tag. Aber irgendwas beschäftigt mich ständig. Moderationen oder Conférencier bei Feiern mach ich gar nicht. Hab ich schon damals nicht gern gemacht. Da kann man sich nicht einfach hinstellen und irgendwas sagen. Solche Sachen kann der Alfons Haider oder der Frank Hoffmann. Für mich ist das unangenehm, ich fang an zum Stottern, und ich will mich auch nicht vorbereiten auf eine Speditionsfirma oder so.

Genauso bei Ehrungen im Sport, wo, sagen wir einmal, die Michaela Dorfmeister einen Preis kriegt. Die bewundert man sehr beim Skifahren, aber dann hat sie Stöckelschuhe an und kann plötzlich gar nicht mehr wirklich gehen damit.

Einmal habe ich eine Sportgala moderiert. Mit der Doris Schretzmayer. Alles war da. Die Susanne Riess-Passer, damals Ministerin, der Leo Wallner, alle Granden von der Sporthilfe, der Josef Hickersberger, noch als Rapid-Trainer. Und ich steh da und fühl mich eh nicht wohl, und hinter mir hör ich dauernd die Riess-Passer: Was redet der so langsam und so lang? Die hat mich total irritiert. Dann hat sie sich so rausgeschlängelt und mir das Mikrofon weggenommen. Na ja.

Es ist ewig her, da habe ich auch Werbung gemacht. Und gut verdient dabei. Ich glaub, ich bin beim Leiner. Wer sich erinnern kann. Nur Stimme, kein Bild, das wäre teuer geworden. Im Bild war ich für Spar, bei der Euroeinführung. Da hast du nix außer einer Bluebox, dann schneiden sie den Rest rein, und für das geben sie dir Geld. Unanständig viel Geld.

Ich spiele keine Rollen mehr, ich bin mehr ich. Vielleicht sehe ich auch deswegen die Fans anders. All die Briefe und Ermutigungen, die ich während der Krankheit waschkörbeweise gekriegt habe, das war viel persönlicher. Das hat schon gutgetan. So viel Anteilnahme. So viel Mitgefühl. So viel Motivation.

Früher habe ich die Leute nicht verstanden, die beim Bühnentürl stehen und warten, bis man rauskommt.

Ich versteh's nicht, weil ich das nicht tun würde. Es sei denn für mein Kind, da hol ich auch vom Bon Jovi ein Autogramm. Ansonsten habe ich das eher krank gefunden. Wobei ich das nicht arrogant meine, weil man lebt ja von den Leuten, die kommen und Karten kaufen. Man freut sich, aber man hätte schon narrisch werden können manchmal. Weil irgendwie sehen sie einen doch immer in der Rolle, die man gerade spielt.

Gut, das ist halt so bei der Schauspielerei. Und ich lebe ja immer noch davon. Es hat sich nur die Haltung zum Spielen sehr geändert. Es ist nicht mehr das Einzige, was wichtig ist. Es gibt mehr als Rollenbücher auf der Welt. Jeden Tag kommen so unglaublich viele Bücher heraus, die man nie alle lesen kann. Und es gibt so viele Meinungen, die alle interessant wären.

Ich hab so viele Sachen nicht gelesen, gehört, gesehen. Wenn ich tot bin, habe ich nicht einmal Wien ganz kennengelernt. Ich war gestern in einer Gasse, von der ich nicht gewusst habe, dass es sie überhaupt gibt. Im zweiundzwanzigsten Bezirk. Da war ich noch nie, also nicht oft, eigentlich kaum. Das, was man nicht weiß und nie wissen wird, ist so übermächtig. Leider hab ich dann die Art, dass ich sag: Na gut, dann fang ich gar nicht an. Ist auch nicht richtig.

Das liegt mir schon sehr, dieses Ganz-oder-gar-nix. Und bei Gar-nix wird mir wieder ausnehmend leicht fad. Das ist wahrscheinlich der Grund, warum ich mir immer noch so viel aufhalse. Zu viel. Das viele Arbeiten hat sich nach der Krankheit eigentlich noch wesentlich gesteigert. Ich kann mir das nur erklären über ein Lied vom Georg Danzer. *Benutzts mi.* Der Danzer hat damit eher gemeint, dass man die Künstler benutzt. Ich verstehe es im anderen Sinne: Ich lebe, also benutzt mich, ich bin da, und ich will noch so viel machen.

Wie ich angefangen habe, mich zu erholen, hab ich zum Helmuth Lohner gesagt: Was ist, wenn ich nicht mehr auf die Bühne raufkann? Das war schon eine große Angst von mir. Ah geh, sagt er, wennst im Rollstuhl sitzt, genügt das. Das ist jetzt nicht die hilfreichste Aussicht gewesen, aber mich hat es doch aufgerichtet. Und mich dazu gebracht, wieder zu inszenieren. Ich kann nicht sagen, dass ich sicher war, aber ich war auch nicht im Rollstuhl. Der Lohner hat mir das ermöglicht. Wir haben uns geeinigt auf *Nora*. Er wollte *Nora* von mir. Ein kleines Stück, aber doch ein sehr großes Stück, hat genau gepasst für die Josefstadt. Und für mich.

Ich wollte das Stück mit meiner Frau machen, eine wunderbare Besetzung, weil sie der Rolle so sehr entspricht: Kindliebe, Temperament, Energie, Demut. Sie hat das alles. Sie ist eine tolle Schauspielerin. Aber sie hat natürlich auch Angst gehabt um mich. Weil ich nicht ruhiger geworden bin und weniger arbeite. Warum musst du das alles machen?, hat sie immer gefragt.«

(Maria Köstlinger hat nie eine Antwort bekommen. Sie stellt die Frage zusehends seltener. Sie nimmt Karlheinz Hackl, wie er ist.)

»Ja. Warum muss ich das machen? Sie hat schon recht. Das beginnt bei Interviews. Wenn jemand für ein Gespräch anfragt bei mir, dann mach ich das. Wenn die *Seitenblicke* mich vor der Kamera haben wollen, mach ich das. Weil ich der Meinung bin, dass die mediale Präsenz wichtig ist. Das gehört auch zum Beruf. Obwohl ich mir damit nicht immer was Gutes tu. Bei Interviews bin ich ungefähr so schlecht wie als Moderator.

Nach *Betrogen*, das ich ganz am Anfang der Burgtheaterzeit am Akademietheater gespielt habe, wurde ich interviewt und über Harold Pinter gefragt. Und ich stell mich dorthin vor die Fernsehkamera und denk mir: Sehr einfallsreich. Dann fang ich an zu reden: Also, Pinter ist ... natürlich, also Pinter ... und wie schon der Name sagt ... Die schauen mich an.

Und statt dass ich einen einzigen graden Satz über den Pinter rausbringe, ich meine, ich hab das Stück ja selber mitübersetzt, sag ich tatsächlich noch: Es ist sinnlos, was ich da sage, bitte nicht senden. Dann haben wir noch einmal angefangen. Wieder nix. Dann haben wir aufgehört. Ich hab einfach nichts rausgebracht, nur weil ich was Gescheites sagen wollte.

Manchmal bin ich auch nur bockig. In der Ö3-Sendung *Leute* habe ich dem Rudi Klausnitzer auf eine Frage einmal eine Minute lang nichts gesagt. Eine Minute. Im Radio. Das ist lang. Aber mir ist nichts eingefallen.

Das Gespräch mit dem Zilk in seiner Porträt-Serie *Überlebenskünstler* im Fernsehen ist dafür erstaunlich gut gegangen. Das war mein erster großer Interviewauftritt nach meiner Krankheit, und da ist genau das Gegenteil passiert. Da war ich nicht sprachlos, da hab ich meine Goschen nicht halten können. Da hab ich geredet wie ein Wasserfall.

Meine Frau ist da viel scheuer. Die sagt: Warum soll ich das und das erzählen, das ist doch zu intim. Ich sage: Warum soll ich das und das nicht erzählen. Das kann man doch sagen, damit tut man ja niemandem was, wenn's die

Hochzeit 1997 mit Maria Köstlinger

Mit Brigitta Furgler und den Töchtern Franziska und Stefanie

Mit Franziska und Stefanie

Tochter Franziska

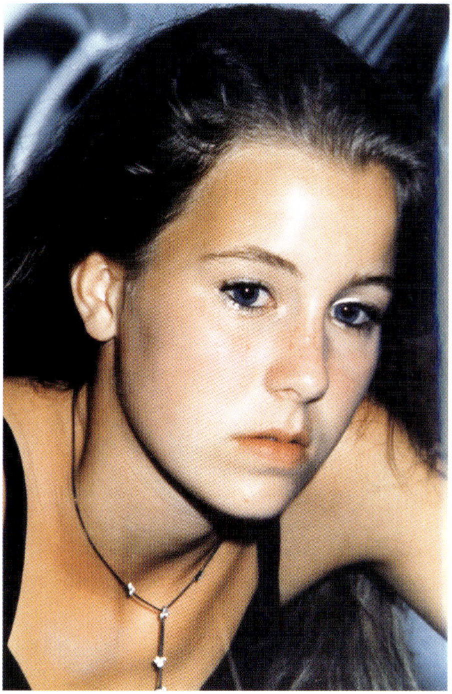

Tochter Stefanie

Maria Köstlinger mit Tochter Melanie

Mit Maria Köstlinger und Hackls Töchter aus erster Ehe

Hochzeit mit Maria Köstlinger in Gars am Kamp

Nach einem Kabarettabend mit Heinz Marecek und Michael Heltau

Mit Freund Hanno Pöschl

Lesung *Lachen macht gesund*

Kabarett *Was lachen Sie* mit Heinz Marecek

Mit Maria Köstlinger nach der Eröffnung des
Theaters zum Himmel

Wahrheit ist. Ich verlange auch nie, ein Interview gegenlesen zu dürfen. Das ist mir zuwider. Außerdem ist das der Part des Journalisten, das sähe ja so aus, als würde ich ihn kontrollieren wollen. Also, ich bin eher einer, der viel zu viel sagt, wenn mir was einfällt.

Beim Roman Schliesser hat man sich da keine Sorgen machen müssen. Wie der noch Adabei war, hat er immer gesagt: Bei mir können die Leute dreimal heiraten, ohne dass sie sich einmal scheiden lassen. Der hat einen nie eingetunkt, auch wenn er was gewusst hat.

Ich bin von den Zeitungen Gott sei Dank sehr verwöhnt worden. Auch was Kritiken betrifft. Dass man öffentlich deine Arbeit zerlegt, daran muss man sich schon erst gewöhnen in dem Beruf. Am Anfang hab ich jeden Satz, der kein Halleluja war, als persönlichen Affront genommen. Ich weiß noch, da hat der Gotthard Böhm einmal über mich am Volkstheater geschrieben: Na ja, sehr anfängerhaft, noch.

Das hat mich dermaßen verärgert, dass ich mich erkundigt habe, wo er privat so hingeht, in welche Lokale. Dort bin ich dann auch hingegangen, und er ist wirklich da am Tisch gesessen in einer großen Runde, und ich platz da hinein und bau mich vor ihm auf: Sagen Sie, wieso schreiben Sie so etwas über mich? Entschuldigen Sie, sagt er, ich habe doch nichts Böses geschrieben. Und dann bin ich laut geworden: Sie machen mich kaputt! Wollen Sie mich vernichten? Vor allen Leuten, mitten hinein zwischen Suppe und Beiried.

Ich hab das alles so ernst genommen. Wenn einer eine Zeile über mich geschrieben hat, dachte ich, die ganze Welt liest das. Wie der Heinz Sichrovsky später meinen Camille

Desmoulins in *Dantons Tod* kritisiert hat: Jetzt bereitet er sich endgültig auf den Anatol vor, war ich schon viel ruhiger.

Heute habe ich eher das Problem, dass ich überzeugt bin, das interessiert eh keinen Menschen. Ist doch wurscht, was da drinnen steht. Es gibt ja auch keine solchen Persönlichkeiten mehr unter den Schreibern. Wie den Kritiker-Papst, den Paul Blaha. Der war so einer, so bedeutend für mich. Über die Pluhar hat er immer schlecht geschrieben. Heute geht es den Journalisten ja nicht mehr um ein Stück oder wie einer seine Rolle gespielt hat. Heute geht es um Socken und Unterhosen, darüber wird geschrieben.

Und dann regen sich die Leute auf über die Kronen Zeitung, Boulevard und so, da gibt's also wirklich andere. Mir zum Beispiel geht der Standard also nicht grad auf die Nerven, aber dieses rosarote Getue, dieses arrogante, ist mir auch nicht wurscht. Die Krone hat natürlich mehr Leser, aber sie ist verpönt, überhaupt früher mit dem Staberl und dem Reimann, na gut, das war schon recht gefärbt.

Aber wenn du ein junger Schauspieler bist, rennst halt in der Früh sofort zum nächsten Straßeneck und fladerst dir alles, was dort hängt. Ich hab ja alles zusammengekauft vom Gugginger Amtsblatt aufwärts. Bis der Gobert mir irgendwann einen Brief geschickt hat, in dem stand: Kümmere dich nicht um die Kritiken. Das hab ich dann auch befolgt.

Kritik von Kollegen ist da ganz was anderes. Die ist um Hausecken brutaler. Man nimmt sie schon persönlich, aber gleichzeitig prallt sie auch irgendwie ab. Vielleicht, weil man unter sich ist. Ich weiß noch, wie meine erste

Frau im Hawelka dem Brandauer vorgestellt worden ist. Da hat sie gerade *Emilia Galotti* gespielt und er hat zu ihr gesagt: Sie interessieren mich nicht, ich spiele den Prinzen, wir haben keine Szene miteinander, Sie interessieren mich überhaupt nicht.

Er hat öfter so etwas losgelassen: Du bist schlecht, hat er zu Kollegen gesagt, geh ab vom Theater, du bist schlecht. Da war er in seiner selbstbewusstesten Phase.«

(Zu Klaus Maria Brandauer hat Karlheinz Hackl ein liebevoll stacheliges Verhältnis. Anfangs war es eine Art gereizte Andacht, die er dem fünf Jahre älteren Kollegen entgegenbrachte. Im Laufe der Zeit, in der die beiden auch gemeinsam auf der Bühne standen, reifte daraus eine borstige Bewunderung und letztlich eine genussvolle Rivalität, ohne die ihm etwas fehlen würde.)

»Mit dem Brandauer habe ich *Jedermann* in Salzburg und *Tartuffe* am Burgtheater gespielt. Da ist er immer leiser geworden, bis man ihn gar nicht mehr verstanden hat und man aus dem Publikum schon gerufen hat: Lauter! Daraufhin ist er vorgegangen, hat sich zum Bühnenrand hingestellt und so gemacht.«

(Karlheinz Hackl legt den Zeigefinger an den Mund. Pssssst!)

»Pssst hat er gemacht. Ich meine, angenehm ist er nicht als Kollege, aber nicht, weil er ungut ist, sondern weil angenehm überhaupt kein Wort ist, das zum Klaus passt. Das ist viel zu glatt für jemanden, der entweder Ecken oder Kanten hat. Dieser Mensch ist eine Herausforderung, die einen erschlägt. Der hat die Premiere von *Tartuffe* um hundertachtzig Grad anders gespielt als die Generalprobe. Der Rudolf Noelte, der das inszeniert hat, ist gleich gar nicht zur Premierenfeier gekommen, weil er so eine Wut gehabt hat.

Den Franz Winter hat der Klaus einmal bös erwischt. Das war in einer Szene, da musste der Brandauer eine Treppe raufrennen, sich dann hinten von einem Balkon stürzen und umbringen. Und einer musste ihm halt nachrennen und so tun, als würde er ihn zurückhalten. Jetzt rennt ihm der Winter nach, hält ihn zurück, der Klaus tritt nach hinten und erwischt ihn am Kehlkopf. Da ist gerade der Vorhang gefallen, und man hat nur mehr ein einziges Ohaaaaaaa! gehört. Ohaaaa! Du Verbrecher! Sonst war's still. Kein Applaus.

In Wien und in Österreich waren seine Kritiken oft furchtbar. In Deutschland waren sie alle gut, glänzend, alle: Dass man den nicht versteht in seinem eigenen Land, diesen großartigen Weltklasseschauspieler, was weiß ich. Dabei hat er sich immer wieder was geleistet, auch in Deutschland. In Hamburg wollte er den Hamlet spielen, sein Freund, der Hans Neuenfels, hat inszeniert, beim Gobert. Gastspiel, eine Woche lang. Aber dann hat dem Klaus irgendwas nicht gepasst, er ist abgereist und wir haben den Hamlet umbesetzen müssen. Den hat dann der Friedrich-Karl Praetorius gespielt, furchtbar. Und der Brandauer hat im ganzen deutschen Sprachraum verbreitet, was für ein Quargel das ist, was da gemacht wird, und warum er ausgestiegen ist. Was natürlich auch noch dazu beigetragen hat, dass das so ein Verriss war. Pfeift sich nichts, der Klaus.

Von mir wollte er einmal, dass ich seinen Hamlet spiele. Pass auf, ich bin in Afrika, hat er mir gesagt im Café Landtmann, und du spielst den Hamlet, während ich nicht da bin. Hab ich gesagt: Klausi, ich will den Hamlet nicht spielen. Aber das war ihm wurscht. Du spielst den Hamlet. Was willst du dafür haben? Hunderttausend Schilling? Schreibt einen Scheck über hunderttausend Schilling. Hör auf, hab ich gesagt. Was? Na gut, zweihunderttausend. Dreihunderttausend? Also, ich hab den Hamlet nicht gespielt. Er provoziert gern, man weiß nie, was er ernst meint.

Die Karin, seine verstorbene Frau, war alles für ihn. Seine Mutter, seine Frau, seine Geliebte, sein Regulativ. Sie ist in der ersten Reihe gesessen, da hat er auch den Hamlet gespielt, das Theater war voll. Und plötzlich, mitten in der Vorstellung, steht der Brandauer auf von seinem goldenen Sesselchen, geht über die Bühne zur Karin runter, kniet sich hin, hört ihr zu, sagt: Danke, geht wieder rauf und spielt weiter. Der Hans Hollmann, der eigentlich inszeniert hat, ist eh schon ganz hinten gesessen, weil er gesagt hat, es ist sinnlos, der redet ihm dauernd drein.

Obwohl ich nie einen Wickel gehabt hab mit dem Brandauer, hat mich die Karin einmal gefragt: Was hast du gegen den Klaus? Warum magst du ihn nicht? Bist du eifersüchtig? Eifersüchtig war ich nicht auf seine Art, die so ganz anders ist als meine. Ich bin introvertiert und verschlossen und er ist ein expressiver Mensch. Aber ich hab mir schon eine Zeit lang gedacht, so muss man sein. Auch so raffiniert. Er hat so eine Bauernschläue. Im Film ist er wirklich gut. Und die Leute kommen ins Theater, weil sie Brandauer schauen gehen, das ist so, und das weiß er. Und eine gewisse Erotik hat er immer gehabt. Die hat er heute noch.

Was er grandios kann, ist Texte sprechen, als wären sie ihm

grad selber eingefallen. Er spricht einen Grillparzer, wie wenn er ihn erfunden hätte. Dass du dich fragst, he, wer hat das geschrieben? Er blitzt so auf, überstrahlt alles. Was für eine Gestalt er da ist! Als ich das erste Mal nach meiner Krankheit im Burgtheater war, sind wir uns in der Kantine begegnet. Er hat mich umarmt und mich eingeladen ihn jederzeit zu besuchen. Ich war gerührt und er auch. Jetzt hat er wieder geheiratet.

Der Flavio Briatore hat die Fotos von seiner Hochzeit um vierhunderttausend Euro verkauft, ein Wahnsinn, na ja, wenn man einen Rennstall hat, der Marlon Brando ist auch immer so schnell gefahren, hundertneunzig, damals schon, obwohl der so ein schlechter Autofahrer war, und wie sie ihm den Oscar verliehen haben, hat er eine Indianerin geschickt, dass sie den Preis annimmt für ihn, weil er sich so für die Reservate eingesetzt hat, mit dem gab's ein ganz berühmtes Interview, da war er noch nicht ganz so dick wie am Schluss, die Maria Schell ist einmal mit ihm im Auto gefahren und hat sich elendiglich gefürchtet: Oh Gott, jetzt sterbe ich mit dem Brando, dann ist sie zweiundneunzig geworden ...«

(Karlheinz Hackl ist mitten in seinem Lieblingsthema. Tratsch. Von früher, aus Hollywood, aus dem Theater, aus Wien, aus zweiter Hand. Egal.)

»... die Schell war ja ihr Leben lang in den Glenn Ford verschossen, der ist auch schon gestorben, angeblich hat sie am Schluss, da ist es ihr schon recht schlecht gegangen, sie war ja so fürchterlich krank, also da soll sie jeden Tag stundenlang mit Amerika telefoniert haben, zweitausend Mark Telefonrechnung, bis der Maximilian Schell, ihr Bruder, seine Bilder hat verkaufen müssen, ja, die Schell, die war ein Seelchen, O. W. Fischer, das hab ich alles mit meiner Mutter gesehen, wenn ich nicht Fußball gespielt habe, jetzt habe ich zufällig den Goalie von den Griechen gesehen, der schaut aus wie der George Clooney …«

(Klatsch. Karlheinz Hackl liest alles, hört alles, weiß alles. Wer mit wem, wo und wie lange, was und warum. Boulevardblätter frisst er, als müsste er sonst verhungern. Während andere über so ein Hobby die Nase rümpfen, hat er schon wieder vier Geschichten erzählt. Er verbirgt es nicht, er kaschiert es nicht, er geniert sich nicht. Er ist vom Theater und er hatte ein großes Vorbild.)

»… die Paula Wessely, die war auch so eine herrliche Gatschen, was man gar nicht so weiß in der Öffentlichkeit, und von der Andrea Eckert glaubt man auch immer, die ist so arrogant, aber die wirkt nur so, die war mit dem André Heller befreundet und hat einmal eine Rede gehalten, die man ihr sehr übel genommen hat, mir hat sie sehr viel Selbstvertrauen gegeben, so vor zwei Jahren, wie dieses Sartre-Stück mit dem Orchester Premiere gehabt hat, da habe ich gehört, dass der Ted Kennedy auch einen Gehirntumor hat, der ist jetzt sechsundsiebzig oder siebenundsiebzig, man soll nicht alt werden, hat der Muliar immer gesagt, das ist was Ekelhaftes, da braucht man sich nix vormachen, der war ja mein Lehrer auf der Schauspielschule, und wie ich mit der Dagi einmal probiert hab, da ist der Zilk immer in der Gasse gestanden, wenn sie gespielt hat, und hat ihr zugeschaut, der war relativ eifersüchtig, aber nicht so wie der Laurence Olivier, der hat ja die Vivian Leigh geschlagen, furchtbar, die soll richtige Wunden gehabt haben, bist du g'scheit, mir war der ja immer unsympathisch, außer wie er den *Marathonmann* gemacht hat, da war er gut, mit dem Dustin Hoffman, der war noch besser, den Olivier hat ja sogar die Monroe an die Wand gespielt, in dem Film, wie hat er noch schnell geheißen, wo er auch inszeniert hat, meine Mutter hat die auch gern gehabt, die Monroe, die war ja nicht dürr, lustig war die, und diese Strümpfe mit der Naht, mein Gott, wie sie da immer gegen die Tür gerannt ist, weil sie ihre Brillen nicht aufsetzen wollte, *Wie angelt man sich einen Millionär* war das, aber nichts gegen *Manche mögen's heiß,* Wahnsinn, der Film, Billy Wilder, da ist die ganze österreichische Intelligenz und das Können drinnen, das vertrieben worden ist, an dem knabbert man heute noch, Antisemitismus ist ja keine Erfindung aus Österreich, die Amerikaner sind auch nicht ohne mit ihrem Ku-Klux-Klan, der Sammy Davis hat zum Beispiel ein Hotel gehabt und durfte nicht drin übernachten, der hat im Wohnwagen schlafen müssen, weil er schwarz war, da hat sich der Sinatra so eingesetzt für ihn, der muss ja gesoffen haben wie der Peter O'Toole, von dem sie immer alle gesagt haben, er ist schwul, aber das ist er gar nicht, der ist total verrissen worden, wie er den Macbeth gespielt hat, unglaublicher Trinker, bester Freund vom Richard Burton, na ja, den Qualtinger hab ich auch kaum nüchtern gesehen, das war eine Kultfigur, ein extrem gescheiter Mensch und sehr belesen, seine Frau habe ich besser gekannt, die Vera Borek, die war auch früh Witwe, der Qualtinger ist ja gestorben mit achtundfünfzig oder so, wie der Oskar Werner, der wollte immer dirigieren, das war sein Traum, dann hat er einen Dirigenten gespielt, *Zwischenspiel* hat der Film geheißen, es wollen ja viele dirigieren, der Helmuth Lohner auch, komisch eigentlich, apropos komisch, ich bin ja froh, dass die Lugners nicht mehr in Grinzing wohnen, das heißt, er schon, aber sie ist weggezogen, einmal ist die mit ihrem Porsche in die Straßenbahn gekracht, den Achtunddreißiger auf der Grinzinger Allee, ich hab geglaubt, die ganze Kühlerhaube ist weg, aber ihr ist nichts passiert, und er rennt herum und hat sich da die jungen Mädel casten lassen, ich meine, der Mann ist siebzig, die Jeannine Schiller ist ja nicht mehr befreundet mit denen, was die da aufstellt mit ihrer Kinder-Charity, das ist schon okay, manchmal traut man den Leuten gar nicht zu, was sie wirklich sind, vom Staberl hätte man auch nicht geglaubt, dass er so ist, wie er schreibt, war ein fescher Mann, der Nimmerrichter, liiert mit der Louise Martini, vor langer Zeit ...«

(Karlheinz Hackl hat kein einziges Mal Luft geholt. Wenn es um Tratsch geht, hat er einen langen Atem.)

»... aber das Ärgste war der, jetzt weiß ich nicht den Namen, der hat gespielt, jetzt weiß ich nicht das Theater, na jedenfalls, der war verheiratet und hat zwei Kinder, hat aber fünfzehn Jahre lang eine Freundin gehabt, der ist ein ganz lieber Kerl, und man weiß auch nicht, warum er die Freundin hat, weil die Frau ist eigentlich viel schöner, und dann hat die Freundin auch ein Kind von ihm gekriegt, jetzt ist er dreifach Vater und hat praktisch zwei Paar Schwiegereltern, jetzt wissen es die Kinder übrigens auch, und die Frauen, Herrgott, muss das alles anstrengend sein, auch für die Frauen, aber scheiden hat er sich auch nicht lassen, aus katholischen Gründen oder so, wie der Spencer Tracy, der hat auch mit der Katherine Hepburn zusammengelebt, vierzig Jahre lang, und war immer verheiratet, schwerer Trinker im Übrigen, vom Jean Gabin hat man ja in der Richtung nicht so viel gehört, na ja, mit der Marlene Dietrich, die war ja seine große Liebe, von der kann man ja viel sagen, aber gesoffen hat sie nicht, ich hab sie oft gehört als Kind damals, *Ich bin von Kopf bis Fuß auf Liebe eingestellt*, die Britney Spears soll sich ja auch wieder erfangen haben jetzt, von der hat man Sachen gelesen, ich weiß nicht, wie's einem da geht, ich meine, die ist ja eigentlich Sängerin, obwohl, oft ist es wichtiger, du stehst im Adabei als auf der Kulturseite.«

(Als Sänger ist Karlheinz Hackl noch selten auf der Kulturseite gestanden. Dabei ist sein Repertoire mehr als hörenswert. Die Tonleiter ist Hackl allerdings sehr langsam hinaufgestiegen.)

»Als Kind habe ich mir eingebildet, dass ich singen kann. So wie sich der Rainhard Fendrich früher eingebildet hat, dass er Schauspieler ist. Ich hab's dann sein lassen, er hat's zumindest probiert, bevor er auf die Strada del Sole Richtung Austropop abgebogen ist. Schon eigenartig, wie Karrieren entstehen. Zum ersten Mal habe ich in der Schauspielschule Krauss vom Fendrich gehört, wo ich nicht nur selber gelernt, sondern auch unterrichtet habe vorm Reinhardt-Seminar. Die damalige Freundin vom Fendrich war eine gewisse Irene Budischowsky, die ausgeschaut hat wie seine spätere Frau, die Andrea. Sie war eine Schülerin von mir und hat mich auf ihn angesprochen. Sie hat da einen Freund, der schreibt so Texte. Sie glaubt zwar nicht, dass das was wird, aber ob ich ihn mir nicht trotzdem einmal anschauen kann. Angeschaut hab ich ihn mir, den jungen Fendrich.

Das nächste Mal habe ich ihn beim Hans Gratzer gesehen, auf der Bühne, als Schauspieler. *Othello*. Er hat den Cassio gespielt. Und ich hab mir gedacht, na servas, wär vielleicht doch gut, wenn's was wird mit seinen Texten. Der Gratzer hat ihm dann die Möglichkeit gegeben, mit seinen Liedern aufzutreten. *Strada del Sole* war eh das erste erfolgreiche. Damit hat er Karriere gemacht. Kurz danach habe ich die Budischowsky wiedergetroffen, die in der Zwischenzeit getrennt war von ihm und eine Hure gespielt hat in *Welcome in Vienna.* Na, was sagst?, hat sie mich gefragt. Hab ich gesagt: Ein Alzerl länger hättest warten müssen.

Was er da beim Harald Serafin gemacht hat, *Im weißen Rössel,* das war nicht schlecht. Das kann er spielen, das geht sich äußerlich aus, und er bringt natürlich die Leute. Mit dem Tanzen weiß ich nicht so, da muss man ein korrekter Könner sein.

Austria 3 war eine grandiose Idee. Ambros, Fendrich, Danzer. Geniales Trio. Und für die Obdachlosen haben sie auch noch was getan damit. Wahnsinn, wie gut das gegangen ist, das Programm. Für mich war ja der Georg Danzer ausschlaggebend fürs Singen. Da hat es eine seltsame Affinität gegeben zwischen uns. Im Text und im Ausdruck. Irgendwie schon aus der Kindheit, weil er ist nicht weit von mir aufgewachsen, am Gaudenzdorfer Gürtel. Da sind wir uns aber nicht begegnet.

Wir sind uns nur früher ein paar Mal über den Weg gelaufen, wie man sich halt so über den Weg lauft, wenn man Schauspieler ist und Sänger in Wien. Einmal haben wir uns privat getroffen, da hat er mir eine Kassette gegeben, wo leider genau die Lieder oben waren, die ich nicht so klass gefunden hab. *Der Nackerte im Hawelka,* den muss ich ja nicht haben. Andere Sachen wiederum haben mir irrsinnig gut gefallen. Er hat schon unfassbare Texte geschrieben, der Danzer. Und einmal hätte ich fast eine Wohnung von ihm übernommen, in Hietzing, da hat er sich von seiner Frau getrennt, und sie sind ausgezogen. Schöne Wohnung, aber dann doch zu teuer.

Wie bei mir der Wunsch nach einer eigenen Show aufgekommen ist, durch die Frau vom Kurt Sowinetz, die praktisch meine Managerin war, haben wir nach jemandem gesucht, mit dem ich so was machen könnte. Ich habe an den Danzer gedacht, aber wir sind dann doch beim Heli Deinböck hängen geblieben. So richtig habe ich den Georg erst kennengelernt, wie er schon schwer krank war.«

(Von Georg Danzers Krebserkrankung erfuhr Karlheinz Hackl aus der Zeitung.)

»Ich hab das gelesen und gesehen, wie er in der Therapie aufgetreten ist und gesungen hat. Und er war auch so empört wie ich damals bei meiner Diagnose, dass ihm das grad passiert. Wieso ich?, fragt man sich. Und man hängt so am Leben. Da war schon die Idee zum Programm *Ich, Hackl* aufgekommen, und er hat die Lieder dafür komponiert und geschrieben. Sie stammen alle vom Danzer.

Auch dabei haben wir so eine Affinität gehabt, im Text und im Ausdruck. Vor allem auch beim *Vorstadt-Casanova,* da hatten wir so eine Übereinstimmung. Es hat zu mir gepasst, weil ich doch so ein Seelenstrizzi bin, und obwohl ich da grad wieder einen Schwulen gespielt habe. In jedem Mann steckt halt auch eine Frau, und umgekehrt. Und er hat das so schreiben können, wie der Gustl Navratil die Hasen herreißt im Bezirk und im Beisl.«

(Kalzheinz Hackl steht vom Tisch auf, nimmt das Mikrofon aus der Halterung und ist ganz Gustav Navratil. Er singt.)

»Ich bin ein Vorstadt-Casanova und sonst bin ich nix. Wenn ich wo einekomm, weiß jeder, wer ich bin. Ich hab ein Messer in der Taschen, nur benutzt ich's nie. Weil ich weiß ganz genau, es hättat eh kan Sinn.

Ich bin kein Sängerknabe, aber auch kein Peitscherlbua, der sich die Nägel mit'm Springer manikürt. Ich hab die Filme mit dem Delon und dem Belmondo g'sehn. Ich war als junger Mensch schon immer nass rasiert.

Ich hab ein Präserl in der Westn, weil man weiß ja nie, vielleicht rennt einem so a Schnepfn übern Weg. Ich pack die meisten von der Weiten mit'm Augenschmäh und denk: Na also, wenn ich s' dann am Ruckn leg. Ich war als kleiner Bua schon an die Weiber interessiert, ich hab's im Kinderfreibad ab'tatschgerlt als wie und durch ein Astloch g'spechtelt, wann sie sich aus'zogn haben, und mir an runterg'rissen, gleich vor ihrer Tür.

Ich bin ein Vorstadt-Casanova und drum bin ich wer. Weil nicht ein jeder hat für so was ein Talent. Wanns ihr's nicht glaubts, dann fragts die Helli von der Siebener-Stiagn, ob's außer mir da im Bezirk einen Besser'n gibt. Und auch die Herta und die Susi und die Monika, die sind mir dankbar, ehrlich wahr, ich kann's beschwörn.

Ich bin ein Vorstadt-Casanova und das bleib ich auch. Der fesche Gustl mit der eisenharten Röhrn. Und wann ihr sagts, ich bin ein wilder Hund, dann habts ihr recht. Ich bin mit Leib und Seel ein echter Puderant.

Ich reiß a jede auf, die was bei uns ins Beisl kommt, und nach zwei Stund sind wir schon mehr als nur bekannt. Ich hab schon haufenweis die Hasen übers G'lander packt, da kenn ich nix, und überhaupt, die wolln's ja so. Z'erst tun s' noch zieren und machen an auf Zicken und nachher schreiben s' mein Namen da aufs Damenklo: Gustav Narvratil pudert gut.

Ich bin ein Vorstadt-Casanova und sonst bin ich nix. Wann ich wo einekomm, weiß jede, wer ich bin. Ich hab ein Messer in der Taschen, nur benutzt ich's nie. Weil ich weiß ganz genau, es hättat eh kan Sinn.

Grüß Sie, schöne Frau, so alleine heute, ah so. Ah, Sie warten auf wen, na eh klar, Sie warten auf mich. Also hatsch ma halt an Weg gemeinsam. Geh, Oida, zwa Cola-Rum, aber schon für Erwachsene, gö. Sie haben schene Augen, Fräulein, also des unter die Schlupflider, des san meine Augen, ja. Für Sie bin ich der fesche Gustl.«

(Zwischenapplaus. Karlheinz Hackl setzt sich wieder, montiert das Mikrofon in den Ständer und liest weiter.)

»Es war eine unglaubliche Leistung vom Georg Danzer, weil man schon gemerkt hat, dass seine Stimme immer schwächer wird. Er hat die Gitarre nicht mehr recht halten können, aber er hat's durchgezogen.

Eine Zeit lang hat er noch so gute Werte gehabt und geglaubt, er kommt drüber, er wird wieder gesund. Und ich hab ihm auch immer gesagt: Ich hab's geschafft, du wirst es auch schaffen. Aber so war's nicht, es ist dann sehr schnell gegangen bei ihm, weil es so eine aggressive Form von Lungenkrebs war. Bald drauf ist er gestorben. Da war das Programm noch nicht fertig. Er hat es nicht mehr erlebt, wie ich ein paar Monate später im Oktober damit herausgekommen bin. Es ist ein Abend, ich rede über mein Leben, ein sehr ehrlicher Abend und zum Teil sehr komisch. Weil das ist das Wichtigste, dass die Leute lachen, auch über schreckliche Dinge.«

(Karlheinz Hackl nimmt einen Schluck aus dem Wasserglas, das vor ihm auf dem Tisch steht. Er genießt es, als wäre es ein Château Pétru.)

»Früher habe ich gern ein gutes Glas getrunken. Schnäpse nie, das hat mir nicht geschmeckt, und Bier nur, wenn ich Durst gehabt habe. Aber Wein, das schon, wie ich noch allein war, habe ich doch so meine zwei Viertel getrunken. Rot, meistens. Burgenländer. Oder manche Weiße, Federspiel, ist schon gut. Also ich muss sagen, da bin ich gefährdet gewesen. Nach der Operation habe ich ein Jahr überhaupt nichts getrunken. In der Reha hab ich Kakao in mich hineingeschüttet, dass meine Frau befürchtet hat, ich werde eine Kugel.

Ich hab mir da keine Sorgen gemacht, ich bin ja so veranlagt, dass eh nix dran ist an mir. Ich habe andere Ängste gehabt. Schon mit zwölf. Da war mir mulmig, wenn meine Eltern nicht da waren, und ich hab dauernd das Licht aufgedreht und geschaut, ob ich Schatten sehe oder Geräusche höre. Ständig hab ich aufgepasst und gewartet, dass sie wieder heimkommen, meine Eltern, erst dann war ich beruhigt und bin ins Bett.

Angst war schon immer ein Thema bei mir, auch als Kind. Das kommt wahrscheinlich von meiner Großmutter in Währing, wo ich oft war. Die war immer dahinter, dass wir Kinder genug essen. Und weil ich so ein schlechter Esser war, haben sie auf die Straße gedeutet und mir gesagt: Da in dem roten Auto sitzt der böse schwarze Mann, und wenn du nicht isst, dann wird er dich abholen. So ist man ja erzogen worden, damals.

Meiner Frau ist auch nicht so wohl, wenn sie allein zu Hause ist. Sie sperrt das Schlafzimmer zu, weil sie irgendwas hört. Und da draußen in Grinzing, da hörst du dauernd irgendwas. Sie legt sich dann immer eine Stange hin. Oder sagt zu mir: Geh runter, schau nach. Und dann spiele ich halt den Mutigen, das ist mir auch nicht angenehm. Aber da bin ich der Held.

In der Schauspielschule, beim Krauss, hat dann eine Phase angefangen, wo ich so richtige Existenzängste gehabt habe. Da hatte ich keine Perspektive, wie's weitergehen soll, wo ich spielen kann, wo ich landen werde. Ich kann mir schon vorstellen, dass es da hilft, wenn man gläubig ist.

Ich bin römisch-katholisch und habe immer die Kirchensteuer gezahlt. Ich bin nie ausgetreten aus der Kirche, vor allem wegen den Kindern. Aber ich hatte keinen rechten Bezug dazu. Auf der anderen Seite gehe ich manchmal in die Kirche und sehe, wie die Leute eine Zuflucht finden, und da ist es kühl drinnen und angenehm, und du setzt dich nieder und denkst nach. Da sind die Menschen auch dort, weil sie Angst haben, würde ich sagen. Das kann ich allerdings nicht. Nicht einmal jetzt, wo ich alles so überwunden habe, dass ich sagen könnte: Ich gehe jeden Sonntag in die Kirche. Aber vielleicht hat man auch keine solchen Existenzängste mehr, wenn man Krebs überwunden hat.

Was mich damals so irritiert hat, in dieser Phase beim Krauss, war der Mundl. Ich lieg da im Bett und sehe diese Sendung im Fernsehen, die damals grad neu war. Und die hat mich entsetzt. *Ein echter Wiener geht nicht unter*. Das war furchtbar, grauenvoll, mir hat das überhaupt nicht gefallen. Und es hat mich frustriert. Weil nämlich kurz darauf mein erster Film *Der junge Freud* herausgekommen ist, in dem ja auch der Karl Merkatz mitgespielt hat. Die ganze Werbung war nur auf ihn aufgezogen, was eigentlich klar ist, wegen dem Erfolg als Mundl. Aber für mich war's schrecklich. Alles hat sich auf ihn konzentriert, und ich hab mir gedacht: Na, schau, da hast du so eine Riesenrolle gehabt, und jetzt ist die auch unterm Tisch. Es wäre weniger deprimierend gewesen, wenn ich die Sendung nicht so grottenschlecht gefunden hätte. Ich habe nicht verstanden, was daran Kult war.

Wenn ich mir einen Film anschaue, muss es spannend sein. Man muss sagen können: Bist du narrisch, da geht's zu. Das hat bei mir sehr viel mit Konflikten zu tun. Es muss eine Geschichte sein, die ich da miterlebe im Kino oder im Theater. Wenn ich sehe, da wird jetzt nach einem Stil gesucht, dann interessiert es mich nicht. Das ist vielleicht ein Fehler, vielleicht bin ich auch zu konservativ. Ich will es halt gut haben.

Wir haben schon früh einen Fernseher gehabt. 1956, im Gemeindebau. Versuchsfernsehen, Testbild, schwarzweiß natürlich. Und Kriminalfilme. Ich habe immer versucht, sie mir heimlich anzuschauen. Als Siebenjähriger habe ich mich angeschlichen hinter der Schulter vom Vater. Das war dann auch die einzige Watschen, die ich je von ihm gekriegt habe, weil das hab ich natürlich nicht dürfen. Später hat es dann Durbridge gegeben. In der Zeitung auf der Titelseite ist gestanden: Wer ist der Mörder? Kein Mensch war auf der Straße, wenn sie einen Durbridge gespielt haben. Das war Kino.

Oder *Die glorreichen Sieben*. Und *Indiana Jones* mit dcm Harrison Ford, offensichtlich mag ich Actionfilme. Die ersten Teile habe ich gut gefunden, weil ich lachen muss über die Hilflosigkeit eines Mannes. Ob mir der letzte Teil gefallen würde, weiß ich nicht, den habe ich versäumt, ich gehe nicht mehr so oft ins Kino.

Was mich immer wundert, ist: Ich kann keine Handlung

nacherzählen. Die muss nicht einmal sehr kompliziert sein, auch die einfacheren. Ich kann das nicht wiedergeben. Das ist eigentlich erstaunlich für jemanden, der sich so viel Text merken kann. Ich kann rollenweise Text behalten, und bei einem Film vergesse ich, wie die Geschichte hergeht. Für mich hat ein Film viel mit Sympathie oder Ausstrahlung zu tun. Und dann muss es nicht unbedingt ein Actionfilm sein. *Dirty Dancing* hat mich auch bewegt. Genauso wie *Westside Story, Mamma Mia* oder Zeichentrickfilme wie *Das Dschungelbuch.*

Es muss nicht immer ein großer Film sein. Aber es ist schade, dass es bei den Schauspielern keine großen Persönlichkeiten mehr gibt, wie früher im Theater und auf der Leinwand. Heute ist man überaus glücklich über Sean Penn, Johnny Depp oder einen Leonardo DiCaprio. Ich bewundere Robert DeNiro und Dustin Hoffman. Und Meryl Streep, mit ihr habe ich gespielt in *Sophie's Choice.* Auch den Marcello Mastroianni, den Gene Hackman, die Romy Schneider, die Monroe oder den Harald Juhnke halte ich für großartig. Im Gegensatz zum Nicolas Cage, der begeistert mich gar nicht. Und der Tom Cruise, der ist ganz schlecht.

Die Raquel Welch hat mir sehr gut gefallen. Die Sophia Loren war mir zu viel Frau, zu viel Mund. Und die Bardot war nicht meins, genauso wenig wie die Katherine Hepburn, die war so asexuell. Später bin ich auf die Kim Basinger gestanden und heute finde ich die Sharon Stone sehr fesch. Also, was die spielt, ist mir wurscht, die gefällt mir sowieso.

Bei einem Schauspieler sollten Lachen und Weinen ganz nah beisammen liegen. Deshalb hab ich so über den Buster Keaton lachen können, weil der immer ernst war. Der

Cary Grant hat mich auch sehr amüsiert und der Heinz Erhardt. Das ist mir beim Jerry Lewis nicht gelungen, und schon gar nicht bei diesen Steve Martins, Jim Carreys oder Eddie Murphys. Die sind mir zu eindimensional.

Ich reagiere beim Film auf extreme Dinge. Wo man sich denkt: Das kann man so nicht spielen, das darf man nicht machen, so viel. Jeder Regisseur sagt dir: weniger, aber intensiver. Aber man kann einem Jack Nicholson nicht sagen: Mach weniger. Der macht irgendwas hinter dir, und das ist auch noch irrsinnig gut. Ich liebe dieses Extrovertierte und Verrückte sehr, vielleicht weil ich es selber nicht habe.

Ich mag so Filme, in denen sich Männer ein Hotel kaufen und dann an der Bar sitzen und saufen. Und ich mag so Typen wie den Alain Delon. Von dem hab ich alles gesehen, weil der auch noch so schön war. In *Eiskalter Engel,* diese Augen. Und wie er eine Waffe behandelt hat. Auf der einen Seite eine unglaubliche Brutalität, und dann wieder dieses Sanfte.

Mit mir kann man ja nicht streiten. Männer gar nicht, und bei Frauen werde ich zynisch und kalt. Gemein manchmal. Aber das hat sich doch sehr gelegt. Das ist ein seltsamer Gegensatz. Manchmal brause ich auf, wenn nur irgendwo ein Teller runterfällt, aber eigentlich habe ich meistens das Gefühl, ich will etwas Gutes tun.

Etwas, das einen Sinn hat. Man muss ja wissen, ich bin ein sehr politischer Mensch. Kein leichtes Metier. Sehr faserig. Sehr spröde. Sehr borstig.

Meine Frau hat gesagt, Karli, jetzt bist ganz deppert worden. Willst Gouverneur werden oder Geheimrat oder König oder wie. Also, ich habe eine Partei gegründet. Die

SKÖ. Das steht für Solidarische Kultur Österreichs. SKÖ klingt ein bissel nach Fußballverein, ist aber was Ernstes.«

(Bei einer Veranstaltung wurde Karlheinz Hackl einmal gebeten, drei Vorschläge für ein besseres Österreich zu formulieren. Er sagte Folgendes: Erstens: Er wünsche sich naturgemäß die Gesundheit. Er habe erlebt, dass viele Menschen im Land jemanden betreuen. Sie leben für die Kranken, für die Todkranken, und bekämen dafür kaum Geld. Das Zweite ist die Bildung. Er merke, dass es an Förderung von jungen Leuten fehle. Man sollte in jedem Beruf den Nachwuchs fördern. Drittens: die Kultur. Er glaube, dass Österreich von der Kultur lebe. Nicht ausschließlich, aber zu großen Teilen. Man sollte an die Maler denken, an die Schriftsteller, an die Filmemacher und an alle hervorragenden Künstler des Landes. Österreich habe eine Reihe unglaublich guter, Kultur schaffender Menschen. Und könne es sich leisten, Kultur entsprechend zu unterstützen und die nötigen finanziellen Mittel dazu aufzubringen.)

»Wir könnten die erste Kulturnation der Welt sein. Ich sage das ohne Hochmut, aber durchaus mit Selbstvertrauen. Selbstvertrauen ist das, was in diesem Land sehr oft fehlt. Kultur sind wir alle. Kultur ist parteiübergreifend. Kultur ist Grundnahrungsmittel für uns und unsere Kinder. Die Arbeit der Künstler soll hochgehalten werden. Sie soll geliebt und gefördert werden, solange ich lebe. Unser Nachwuchs ist unsere Zukunft.«

(Karlheinz Hackl macht sich viele Gedanken. Er hält sich für einen Pessimisten, dabei sind seine Vorstellungen mehr als optimistisch. Er will den Menschen Mut machen. Er will aufrütteln. Er will etwas bewegen.)

»Der Österreicher schlägt dem Behinderten die Krücken aus der Hand und hilft ihm dann schuldbewusst auf die Beine. Natürlich sind die Zeiten hart und es wird vielleicht noch schlimmer werden. Aber jeder Sturz, jede Falltür, jede gröbere Unwägbarkeit ist auch gleichzeitig eine Chance. Ich hab den Krebs besiegt und bin stärker geworden dadurch, innerlich gewachsen.

Ich finde, wir müssen die Weltwirtschaftskrise nützen, um uns solidarisch zu verhalten. Der Barack Obama ist ein toller Mann, keine Frage, aber auch kein Messias, der der Welt die Hand auflegt, und alle sind geheilt. Amerika ist das Land der begrenzten Unmöglichkeiten. Wir sind weltweit verkoppelt, überlappend vernetzt. Raunzen hilft nix. Ui, alles ist traurig, alles ist furchtbar, alles ist schlecht. Misanthropen sollen sich daheim einsperren und selber hassen. Die EU ist längst nimmer das Thema, also der Austritt. Ich bin ein integrativer Mensch, und man muss zusammenrücken, sage ich jetzt einmal. Nicht nur Parteiinteressen wahren. Wir können die Misswirtschaft abstellen. Die Egomanie jeder Couleur. Da gibt es ja Leute, wo du glaubst, denen ihr Selbstbewusstsein hat eine eigene Postleitzahl. Sie tun so, als würden sie das Volk vertreten, den kleinen Mann unterstützen, in Wahrheit vertreten sie die Person, die sie jeden Tag in der Früh im Spiegel anlacht.

Und gleichzeitig braucht auch niemand im Morast der Gleichgültigkeit zu versinken. Politik darf man nicht wegdrängen; das wäre fatal. Politik muss koordinieren, sie hat die Aufgabe, die Menschen zusammenzuführen. Wie ein Theaterdirektor es auch tun muss: Dinge möglich machen.

Was ich mit solidarisch meine, ist eigentlich was ganz Einfaches. Das funktioniert schon im Kleinen und jeder kann dazu beitragen. Die Republik in ihrer Gesamtheit hat zum Beispiel mich und meine Familie finanziell am Leben erhalten, weil man mir meine Gage am Burgtheater während meiner Krankheit weiterbezahlt hat. Zirka dreitausendachthundert Euro. Jetzt zahle ich Geld an die Republik zurück, indem ich in Karenz gegangen bin und deshalb weniger bekomme. Das ist mein Beitrag. Bescheiden, aber immerhin.

Auf die Idee mit der SKÖ bin ich übrigens am Alpl gekommen, in einem steirischen Wirtshaus. Das hat nichts mit einer Überdosis Schilcher zu tun, also mit Durst, sondern mit Hunger. Ich bin hungrig und dafür muss man was tun. Erst hab ich mir gedacht, machst einen Verein. Der Verein hat den Vorteil, dass es eben ein Verein ist. Du brauchst keine Wahlreisen machen, du bist halt ein Verein, der frei ist, du fährst herum und singst und liest. Ich wollte den Verein im Juni 2008 ins Leben rufen. Am Steinsee in der Kantine von dem Kleingartenverein, wo ich aufgewachsen und immer noch so gerne bin. Sind nicht allzu viele Leute gekommen. Ich glaub, wir waren fünf.

Wir sind Kultur ist der Slogan, so wie's auf meinem Auto steht. Meine Farben sind Blau und Gelb. Wie die von der Vienna oder vom Land Niederösterreich.

Am Alpl bin ich also gesessen, hab überlegt und so vor mich hin fantasiert: SKÖ wäre schön, Solidarische Kultur Österreichs. Als Partei. Dann hab ich mit der Heide Schmidt geredet. Das brauchen Sie nicht, hat sie zu mir gesagt, das würde ich nicht machen. Ich mach eh keine Partei, hab ich ihr gesagt. Der Pluhar hab ich das auch gesagt, die sind nämlich ganz gut miteinander, ich mach eh keine Partei, keine Sorge. Dann hab ich eine Partei gemacht.

Das ist übrigens ganz leicht. Ich war diesbezüglich beim Anwalt. Der hat so gekramt in seinen Unterlagen, dazwischen in Büchern herumgefuhrwerkt, und ist draufgekommen, dass das ein Kinderspiel ist. Ru-ra-rick, Barba-trick. Du gibst ein paar Daten bekannt und sagst, also grüß Sie, i warat jetzt eine Partei. Und dann bist du eine Partei. Man glaubt ja gar nicht, wie viele Parteien es gibt. Für Vögel, für Würmer. Auch komisch, Obmann der Wurmpartei. Gestatten, Krauthappl mein Name, wir setzen uns ein für das Wohlergehen von Kriechern, das sind auch arme Würmer wie du und ich. Aber gut.

Damit wir uns richtig verstehen: Ich möchte nicht Landeshauptmann werden, nicht einmal Wiener Bürgermeister. Bundespräsident, das vielleicht, aber Bürgermeister? Nie im Leben. Wie gesagt, ich fahr gern herum, tu meine Meinung kund, singe und lese. Ich bin halt so ein politischer Minnesänger.«

(Karlheinz Hackl findet, es ist Zeit für eine Ballade.)

»Manche, wenn's was von Kultur hören, täten s' die Ohren am liebsten zusperren, und die sitzen, 's is kein Glück, oft auch in der Politik.

Drum fließt auch in manchem Lager das Geld für Kulturelles mager, geht's der Wirtschaft gut, heißt's nur, geht's uns gut. Wer braucht Kultur?

Romy Schneider und Klimt und Strauß hängen wir zwar in die Auslag raus, heute aber brauch ma 's Geld für die Banken. Wirtschaft zählt.

Ihr lieben Leut, ich bin so frei, ich gründ die SKÖ-Partei, mir ist Kultur ned einerlei, drum weiß ich, ihr seids auch dabei!

SKÖ – was heißt das nur? Solidarische Kultur Österreichs, eine Vision, und ich glaub, das pack ma schon.

Jeder kann das leicht kapieren: Schreiben, Malen, Musizieren, Filmen und die Schauspielkunst sind de facto ned umsunst.

Wenn ma das jedoch ned hätten, wenn ma dafür gar nix täten, heißert's bald: Gibt's ka Kultur? Gute Nacht, dann sperr ma zu.

Ihr lieben Leut, ich bin so frei, ich gründ die SKÖ-Partei, mir ist Kultur ned einerlei, drum weiß ich, ihr seids auch dabei!

Was natürlich auch viel zählt, ist nicht da, und zwar das Geld, aber ist die G'schicht goldrichtig, ist die Marie ned gar so wichtig.

Klar ist, dass das locker geht, mit g'nug Solidarität schreckt uns nicht das Kontentief, Hauptsach nie mehr brauner Mief.

Halts nicht die Goschn, halts die Dam, dann ist die Idee daham bald bei alle im Land, darauf geb ich euch die Hand.

Ihr lieben Leut, ich bin so frei, ich gründ die SKÖ-Partei, mir ist Kultur ned einerlei, drum weiß ich, ihr seids auch dabei!

Glaubt wer, die Kultur ist fad, der ist deppert, tut ma laad, weil dann tickt er ned ganz richtig, denn Kultur ist lebenswichtig.

Nur die Bundeshymne singen, wo die Lobestöne klingen auf Kultur in unserm Land – nein, da samma bald am Sand.

Halt ma aber alle z'samm, weiß ich, dass ma Chancen ham, reicher samma dann als reich: auf Platz eins liegt Österreich.

Ihr lieben Leut, ich bin so frei, ich gründ die SKÖ-Partei, mir ist Kultur ned einerlei, drum weiß ich, ihr seids auch dabei!«

(Die Musik klingt aus. Die Leute klatschen. Karlheinz Hackl liest weiter.)

»Kunst ist liberal. Der Bürger, der Wähler, jeder braucht Klarheit und Ehrlichkeit. Gabriel Garcia Lorca hat einmal gesagt: Kultur kostet Geld, aber der Mangel an Kultur kostet noch mehr Geld.

Nachhaltig, wie man so sagt, finde ich, sollen kulturelle Werte geschaffen werden, zum Beispiel Kulturkaufhäuser. Bücher für Kinder, CDs, DVDs. Ich hätt ein paar zum Verschenken. Jeder Cent ist eine Anlage in die Zukunft, hat der Fred Sinowatz einmal gesagt. Er war für die kleinen Leute genauso da wie für die Intellektuellen. Hat ausgesprochen, was er dachte. Ich bin der Meinung, dass der Nachwuchs und die Kultur in unserem Land mehr gefördert werden müssen. Wir leben heute noch von Mozart und den Lipizzanern. Aber es gibt auch eine gegenwärtige Kultur. Eine sehr vielseitige. Sogar Skifahren und Fußball zählen dazu. Kultur braucht nicht so arrogant daherzukommen, wie viele immer glauben. Kultur tänzelt nicht an mit Frack und Zylinder. Kultur kann man angreifen. Und ich streck den Leuten immer gern die Hand hin.

International sieht man uns vermutlich noch als die Ewiggestrigen. Lustige Leut, diese Ösis. Speckige Lederhosen und Punschkrapferl-Mentalität. Außen zuckerlrosa und innen braun. Wir Österreicher haben einen schlechten Ruf. Nette Nazis.

Vergangenheitsbewältigung ist mir wichtig, um das Bild von unserem Land in der Welt zurechtzurücken. Wir gelten als die Schmähbrüder, die sich das so richten. Diesen Mief werden wir nicht los. Dieses Braune, dieses Braunau. Der Hitler kommt aus Österreich. Die Deutschen haben uns den Adolf wunderbar rübergeschoben. Eh geschickt.

Ich hab mir überlegt, wie ich in der Zeit reagiert hätte. Schwierig. Ein Widerstandskämpfer wäre ich nicht gewesen. Ich bin nicht so geartet. Ich glaube nicht, dass ich damals den Mumm gehabt hätte zu sagen: Das ist Massenmord, sieht denn keiner, was da passiert? Ich glaube, Mitläufer wäre ich auch keiner gewesen. Ich hätte versucht, irgendwie durchzukommen. Ich hätte nicht gesagt: Das ist ein krankes Arschloch. Weil ich weiß von meiner Mutter, auch der Hitler, so furchtbar das war, muss eine Ausstrahlung gehabt haben. Das sind die Augen gewesen, und er soll besonders auf Frauen so eine Wirkung gehabt haben. Er war verrückt, aber eine Wirkung hat er gehabt. Und der Kreisky hat gesagt: Nicht alle am Heldenplatz waren Nazis. Ehrlich gesagt, ich weiß nicht, ob ich überhaupt hingegangen wäre.

Manche Menschen sind mit der Lüge aufgewachsen, so wie ich auch. Die Kultur kann beitragen, diese Vorurteile abzubauen. Was wir brauchen, ist ein System. Einen eigenen Kulturminister. Bildung und Kultur sind zu wichtige und zu umfangreiche Gebiete, als dass sie ein Mensch erledigen könnte.

Derweil wird die Kluft zwischen Arm und Reich immer größer. Die Schere geht immer mehr auf. Deshalb muss man den Reichen jetzt was abverlangen. Teuerung und Inflation sind unfassbar hoch, Lebensmittel bis zu einem Drittel teurer als in Deutschland. Und wir diskutieren, ob Salzstangerln verboten werden sollten. Oder Glühbirnen. Stattdessen wollen sie uns diese Sparlampen einreden, die ewig nicht hell werden, traurige Funzeln, die in der Düsternis glimmen. Zimtschnecken dürften auch hochgradig gefährlich sein. Na, hat man sie sicherheitshalber vom Markt genommen und verboten, habe ich gelesen. Ich kenne zum Glück noch einen Zimtschneckendealer, den schiefen Schorsch, der verkauft mir die Ware unter der Hand.

Den Föderalismus finde ich auch sehr komisch in Österreich. Die Schweiz hat nur halb so viele Beamte. Und das bei einer ähnlichen Einwohnerzahl. Das kostet die Österreicher mehr Geld, als ihnen lieb ist. Fiskus hat nichts mit Schmusen zu tun. Was man mit Geld alles anfangen kann oder auch nicht, hat uns der Karlheinz Grasser gezeigt. Am besten hat mir das Foto mit der quietschbunten Vilebrequin-Badehose gefallen, wie er mit seiner Fiona in Capri pritschelt. Seine kapitalen Qualitäten hat der Mann dann bei der Meinl-Bank aufgewärmt. Der Mohr hat seine Schuldigkeit getan. Die Anleger waren ihm ein bissel gram, aber der Grasser hat das weggesteckt wie nix und ist nach Venedig geflogen mit der Fiona, ins Danieli, gratinierte Jakobsmuscheln speisen und mit einem leichten Pinot Grigio runterspülen. Ich nehm's ihm ja nicht übel. Jakobsmuscheln schmecken mir auch. Ich ess gern italienisch, japanisch, Wiener Küche, indonesisch, Sachen aus aller Welt. Und Käsefondue.

Die Österreicher kommen ja auch aus einem Schmelztopf. Ich bin eigentlich aus Mähren. Ja, Österreich ist ein Einwandererland, und damit haben wir eine Verpflichtung. Wir können nicht einfach sagen: Dragan, mach einen Sprachkurs. Aber wir können es empfehlen. Österreich braucht Ausländer. Von der Wirtschaft bis zum Fußball. Mein Gott, wir müssen uns öffnen.

Die Ziele der SKÖ sind klar definiert: Förderung der österreichischen Kultur; Stärkung des Rufes Österreichs als wirtschaftlich starkes und kulturell geprägtes Land in Europa und der Welt; Kampf gemeinsam mit der EU gegen die Inflation und die daraus resultierende Armut; Teilnahme und Engagement im öffentlichen Diskurs in der Sorge um mehr Wirtschaftswachstum, Sicherheit und Bildung; bedingungsloser Einsatz für die Würde der Menschen; Neudefinition und Umsetzung einer solidarischen und nachhaltigen Politik für alle Menschen und unsere Umwelt; Bewusstseinsbildung für einen verantwortungsvollen Umgang mit der Geschichte Österreichs.

Die SKÖ, so hab ich mir das vorgenommen, wird zur Umsetzung ihrer Ziele und zur nachhaltigen Einflussnahme auf die politische Willensbildung Veranstaltungen aller Art, insbesondere kulturelle Aufführungen, Vorträge, Versammlungen und öffentliche Diskussionen, organisieren, Publikationen herausgeben und fest Öffentlichkeitsarbeit machen. So steht es in den Statuten geschrieben. Es geht um Wirtschaftswachstum, Sicherheit und Bildung. Und noch einmal: den bedingungslosen Einsatz für die Würde der Menschen.«

(Dabei wirft Karlheinz Hackl auch mit Tadel großzügig um sich. Er sagt, was ihm passt, und er sagt, was ihm gegen den Strich geht. Wenn er von Politik redet, nimmt er sich kein Blatt vor den Mund. Und er zieht seine ganz eigenen Schlüsse.)

»Ich behaupte, und ich weiß es ganz genau, dass sich Politiker verkaufen. Die schmeißen ihre Seele auf den Markt. Kommen Sie näher, kommen Sie her, hier, frische Seele zu verkaufen, schauts, wie weich, wie zart, wie saftig. Und so preiswert. Sie brauchen mir nur Ihre Stimme geben. So in der Richtung. Da braucht man sich nur die nahe Vergangenheit anzuschauen.

Politiker sind sehr freigiebig, sehr gönnerisch, sehr großzügig, vor den Wahlen. Beim Gusenbauer hat man's ganz deutlich gesehen, an sich ein wirklich gescheiter Mensch, wurde auch falsch eingeschätzt, der Gusi. Hat sich schlecht verkauft, nicht so volksnah, wie man sich das eigentlich erwartet hat von einem Kanzler. Ich kenne Alfred Gusenbauer nur vom Sehen. Hab ihn vielleicht drei-, viermal getroffen. Einmal mit meiner Frau, bei einer Inszenierung, da war er drinnen im Publikum. Ein Freund, er ist leider schon tot, hat mir erzählt, dass der Gusenbauer sogar an meinem Krankenbett gestanden ist, offensichtlich stimmt's, und er hat dort meine Hand gehalten. War gar kein Wahlkampf zu der Zeit, erstaunlich. Der war dort im Spital und ich hab nix am Hut gehabt mit ihm. Der Wolfgang Schüssel hat ihn dann schon über den Tisch gezogen. Seine Tochter, die Nina Blum, die finde ich sehr gut. Ich finde die sensationell, ein klasser Kerl obendrein. Jetzt waren die einmal zu dritt dort nach einer Show, die Blum, die Mutter und der Schüssel, ich weiß nimmer genau, wo, und die Nina hat gesagt: Mein Papa ist halt treu. Was immer das heißt. Mein Papa ist treu. Wird schon stimmen.

Man hat die damalige Koalition bewusst in die Luft gesprengt. Werner Faymann und Josef Pröll passen jetzt gut zusammen. Die können miteinander. Der Kanzler und sein Vize sind keine Streithähne. In der Politik sollte man um ein Haucherl nobler vorgehen, und die beiden tun das, zumindest im Vergleich zu dem, was vorher war. Der Faymann hat übrigens eine sehr sympathische Frau, Martina heißt sie. Aparte Dame. Sehr natürlich im Umgang.

Ich werde ja immer so eingeschätzt: Der Hackl ist ganz klar rot. Das sozialistische Rouge leuchtet auf seinen Wangen, als hätte er einen Sonnenbrand. Wenn ich, politisch gesehen, mit einem Schwarzen rede, denkt jeder automatisch: Ah, Verhandlungen mit dem anderen Lager. Schweinebacke! Pharisäer! Judas! Jessas, ich seh das alles nicht so eng.

Mir liegen ein paar Leute von den einen und von den anderen, ich kann mir nicht helfen, mein bester Freund, der Herbert Kienast, ist halt auch ein Schwarzer, na und? Und der Hanno Pöschl ist das genaue Gegenteil. Soll ich jetzt sagen, nein, also wenn das so ist, dann sind wir getrennte Leute? Papperlapapp. Ich meine, dass der Josef Pröll das sehr gut macht und sein Onkel, der Erwin, sowieso. Kulturell, also in Niederösterreich, ist der Erwin Pröll ein Vorbild fürs ganze Land. Ich war unlängst einmal bei ihm im Landhaus in Sankt Pölten.

Das rennt so ab: Du hast einen Termin und musst spätestens fünf Minuten vorher in einem Warteraum sitzen. Alles sehr hell, viel Glas. Da sind überall Bilder vom Pröll, wie zur Einstimmung auf was Großes, das gleich passiert. Jemand sitzt bei dir und führt Small Talk. Wie geht's so gesundheitlich? Wann ist denn die nächste Lesung? Schön isses heute draußen, hm? Dann kommt eine freundliche Dame mit Entourage und bittet dich weiter. Der Herr Landeshauptmann ist jetzt so weit.

Da gehst hinein in dieses riesige Büro und wirst gleich einmal von allen Seiten fotografiert. Händeschütteln, klick, Lächeln, klick, willkommen in meinem Reich, klick-klick-klick. Wunderschöner Raum. Fast feudal. Ich hab mir gedacht, den Architekten merk ich mir. Dann wirst du zu diesem endlos langen Holztisch gebeten, der poliert ist, dass du sagst: kein Staubkorn. Erwin Pröll sitzt an der Stirnseite, weil sich das so gehört. Er sitzt auch eine Spur höher als alle anderen. Ich hab das einmal in einem Film gesehen. Chaplin, *Der große Diktator*. Quasi Mussolini sitzt Hitler gegenüber, und beide schrauben sich die Sitze höher, erst der eine, dann der andere, beide kurbeln am eigenen Sessel, höher, höher, einer muss immer dem anderen überlegen sein. Notwendig hat er's ja nicht, der Pröll, er hat ja durchaus ein Charisma, wahrscheinlich hat's ihm ein Berater eingeredet, das mit dem Höhersitzen, aber gut.

Jedenfalls war ich da bei ihm und wir haben über ein schönes Kulturprojekt in Niederösterreich gesprochen. Das Erstaunliche war, der hört dir zu und ist interessiert, so was glaubt man gar nicht. Und lachen kann der, na servas. Hat einen Lacher, dass die Scheiben scheppern. Lustiger Mann. Sehr weise. Eigentlich hätte der Termin zwanzig Minuten dauern sollen, wir sind aber gut eine Stunde beieinander gesessen. Und der Pröll, das sieht man gleich, ist ein Macher. Der kommt nicht her und redet von Aspekten und Impulsen, man werde sich das einmal anschauen und prüfen und irgendwo einbringen und darüber verhandeln und dann alles von vorne besprechen, nein, der Pröll sagt:

Ja, so machen wir das. Hier und jetzt. So machen wir das. Das unterscheidet ihn von den anderen Zauderern, die Nägel beißen, palavern und Konzepte vorlegen, die dann im großen Zentralarchiv verwahrt werden, im Mistkübel.

Zwei Tage nach dem Treffen ist dann Post vom Pröll gekommen. Er hat mir die Fotos, wie wir uns die Hände schütteln, geschickt. Schöner Zug. Macht auch nicht ein jeder. Der Pröll und der Häupl, die sind übrigens sehr gut miteinander. Glaubt man auch nicht. Das ist, als würde man Rapid und Austria zusammenlegen. Aber alles geht, wenn man nur will. Politik ist wie ein Fußballmatch, nur ohne Schiedsrichter.

Ich bin vielleicht nicht der beste Diplomat, dafür ehrlich. Und für mich der letzte Wirkliche, also nach dem Kreisky, war eigentlich der Vranitzky. Ist auch angegriffen worden, Nadelstreif, weiß ich noch, Sozialisten. Aber der war sehr gut. Es war zum ersten Mal, dass ein Bundeskanzler sich zu den Naziverbrechen, die passiert sind, bekannt hat. Zum ersten Mal. Weil die Freiheit wurde ja quasi erschummelt, wo wir heute noch sagen: Wir sind unabhängig. Na ja. Das stimmt vorn und hinten nicht. Wir sind bei sämtlichen Bündnissen dabei und tun so, als wären wir unangreifbar. Als wären wir im weltpolitischen Leo. Alles Schmafu.

H. C. Strache, sagen die Leute, ist eine Kopie vom Jörg Haider. Ich finde, er ist eine Blaupause, eine elende. H. C. – seltsame Abbreviation. Für was steht das Kürzel? Habt Chaos? Heftige Chimäre? Hoffärtiger Clown? Honoris Causa kann das nicht heißen. Ehrenwertes kann ich an dieser Figur nicht entdecken.

Strache ist untragbar für das Land. In Krisen sollte es für solche Visagen keinen Platz geben. Für mich sind die veröffentlichten Fotos aus Straches Jugend ein eindeutiger Beweis für eine üble Form von Wiederbetätigung. So ein Mann ist gewählt worden und genießt parlamentarischen Schutz. Ich mein: Nie möchte ich von dem politisch vertreten werden. Weder national noch international. Er ist nur zum Schein für die Menschen da. Was sich hinter den FPÖ-blauen Augen und dem leutseligen Blick verbirgt, ist nichts als Machthunger. Hyänen können auch so lieb dreinschauen. Ich bekenne mich dazu: Strache ist ein Maulheld.

Wir aber müssen die österreichische Identität wahren, die Reputation in Europa steigern. Kultur produzieren, Imagewerbung für Kultur anregen. Dass man sagt, positive Werbung für Kultur. Aber auch das kostet Geld. Ich hab letztens ein Kindertheater auf der Schallaburg gesehen, Indianer für Kinder. Das hat die Nina Blum inszeniert. Dort sind Leute gewesen, das kann man sich gar nicht vorstellen, wie viele. Den ganzen Wald sind sie hinauf gestanden. Da kriegst du keinen Parkplatz. Plakatiert war das schon am Stephansplatz, Indianer auf der Schallaburg. Na ja, der Serafin plakatiert in der Tiefgarage, bis nach Mörbisch. Das geht, er muss es nur bezahlen.

Aktionen kosten halt was. Bis jemand überhaupt auf dich aufmerksam wird, muss man ganz schön ins Börsel greifen. Wir haben auch so ein Kindertheater bei der Maresa Hörbiger ins Leben gerufen. In meiner Naivität hab ich gesagt: Super, das wäre toll. Es ist wirklich schön, da oben bei der Maresa. Hörbiger-Flair. Alles elitär, Döbling, gediegen. Aber so was aufzuziehen, kostet halt, Donnerwetter. Du gehst herum und redest. Sagst bitte. Versuchst Geld aufzutreiben für eine gute Sache. Niemand hat was hergegeben. Nicht einmal für Kinder. Eine Privatperson hat die Maresa dann zufällig am Grab angesprochen, ob sie ihr zehntausend Euro geben kann. Eine Privatperson hat uns gerettet, dass wir dieses Kinderprogramm überhaupt machen konnten. Das muss man sich einmal vorstellen.

Also, ich mein, die glauben alle, das kostet nichts. Wo leben die, am Mond? Mir ist es auch nicht gelungen, das Geld aufzutreiben. Das Theater bei der Maresa Hörbiger hätte zweihundertzehntausend Euro gekostet. Sicher viel. Aber für eine Konzertreihe? Kultur für Kinder? Ich les in der Zeitung, dass die Frau vom Paul McCartney vierzig Millionen für die Scheidung kriegt. Oder was weiß ich. Und zweihunderttausend Euro sind nicht möglich? Normalerweise ist das doch ein Abschreibposten, und trotzdem. Es ist nicht möglich gewesen.

Jetzt kann man sagen, der Hackl ist weltfremd. Ein feinsinniger Spinner. Die Leute haben nix zum Fressen und der will sich von der Kultur ernähren. Das ist so nicht ganz richtig. Eines zahnt ins andere. Ich lebe, um davon zu erzählen. Und mir wird oft schlecht, wenn ich Sachen höre, zum Beispiel von einer Freundin, die sitzt im Bundeskanzleramt. Die kennt die Zahlen und die sagt zu mir: Die Spannen sind so hoch bei den Handelsketten. Egal bei welchen, bei Rewe, bei Spar, die Spannen, die sie sich selber nehmen, sind viel zu hoch. Daher sind die Teuerungen sanktioniert. Also, da muss ja was dahinter sein, ich mein, die haben das in der Hand, die Spannen herabzusetzen, dass sie vielleicht ein paar Milliarden weniger scheffeln. Ich kling ein bissel rebellisch, aber ich reg mich halt so auf.

Mittlerweile ist es so, dass die Gesellschaft der Wirtschaft dient, und nicht umgekehrt. Die Gagen stimmen ja auch nicht. Zum Beispiel bei den Schauspielern. Da gibt es ein paar wenige, die ordentlich absahnen. Aber der Rest.

Die Masse wird mit einem Hungerlohn abgespeist. Viele Schauspieler verdienen viertausend Euro im Jahr. Das muss man sich einmal vorstellen. Die leben unter der Armutsgrenze. In der Privatwirtschaft würde dafür kein Mensch arbeiten.

Unlängst war ich bei Ö1 im Radio-Kulturhaus als Gast eingeladen. Menschen sind Schlange gestanden bis auf die Argentinierstraße, unglaublich. Eine Matinee, so live übertragen. *Klassiktreffpunkt* mit Otto Brusatti. Er hat gesagt, Herr Hackl, wissen Sie eigentlich, dass in Österreich vom Bund, von den Ländern und von den Institutionen mehr Geld für Kultur ausgegeben wird als irgendwo sonst? Das stimmt schon. Aber ich sage, es ist noch immer zu wenig. Bei den Menschen und bei Kultur darf man keinen Rotstift ansetzen. Man darf Menschen nicht herumschieben wie bunte Kugerl in einem Abakus.

Dabei ist das Bewusstsein ja da. Schauspieler werden bei uns in den Himmel gehoben, in Deutschland ist das nicht so. In Wien gehen übrigens, auf den Tag umgerechnet, mehr Leute in die musischen Häuser als auf den Fußballplatz. Mehr Leute strömen ins Theater oder in die Oper als, was weiß ich, in London, und die Stadt ist viereinhalbmal so groß. Der Wiener hat eine unglaubliche Mentalität. Der Tod und die Frauen. Und die Frauen bringen die Männer ins Theater. Die Klientel sind die Damen, keine Frage. Frauen sind lockerer, lachen mehr. Die, die am meisten über Frauenwitze lachen, sind die Frauen. Sie gehen damit anders um. Der Mann ist roh, ein Indianer kennt keinen Schmerz und so. Dabei sind Frauen viel zäher. Kriegen Kinder. Ich hätt das ja nie ausgehalten, so eine Geburt. Soll noch schmerzhafter sein als eine Nierenkolik. Hab ich auch nie gehabt, eine Nierenkolik, aber gut.

Falls es Ihnen noch nicht aufgefallen sein sollte: Ich drifte manchmal leicht ab.

Jetzt fällt mir grade wieder die Josefstadt ein, weiß der Kuckuck. Die ewige Sehnsucht der Josefstadt nach einem jungen Publikum. Sag ich dann: Na ja, jung, ist ja auch nicht so, wenn einer jung ist, der kommt gar nicht her. Der schaut sich den Hansi Hinterseer an oder von mir aus die Madonna. Und der hat ja das Geld gar nicht. Seids froh, dass überhaupt Leute in die Josefstadt kommen. Seids nicht so verzopft in der Denke. Abgesehen davon, die Jungen werden auch einmal älter.

Und die Älteren, die kommen wenigstens. Die haben ein Abonnement. Weil sonst ist überhaupt niemand da. Im Burgtheater hat man einen Kulturauftrag, da kommen die Leute automatisch. Natürlich rennen die Leute hin, auch wenn das dort ein Flop ist, egal. Die haben so viele Stücke am Akademietheater, das ist auch wurscht, da muss ja keiner reingehen. Die haben einen Kulturauftrag und jammern immer noch übers Geld. Die sind schon seit neun Jahren nicht erhöht worden, hab ich gerade wieder gelesen. Die haben aber alles. Die haben so viel Geld, die müssen im Sommer irgendeinen Boden erneuern, Marmor irgendwo hinnageln, weil die Marie ausgegeben werden muss. Sonst bekommen sie nächstes Jahr weniger.«

(Karlheinz Hackl driftet wieder.)

»Was hat der Richard von Weizsäcker gesagt? Die Kultur bildet die Basis für die Politik. Das ist ganz wichtig. Und es stimmt auch. Der Weizsäcker, das war ein schwarzer, deutscher Politiker. Der hat das verstanden.

Ich weiß, dass wir in einer Zweiklassengesellschaft leben.

Der Mittelstand ist weggebrochen oder hat sich aufgelöst. Das wird immer ärger. Die Elite badet im Luxus, die Masse schaut durch die Finger, und da ist nichts, nur Schmutz unter den Nägeln. Meine Frau hat mir erzählt, es gibt neuerdings sexuelle Schönheitsoperationen, also da lassen sich Leute, Frauen, operieren. Im Schambereich. Dass das heller wird. Das kostet ich weiß nicht was, ein kleines Vermögen, das kann man sich nicht vorstellen. Und manche lassen sich wieder ein Jungfernhäutchen annähen, so mit fünfundvierzig. Dass man dann sagen kann, ah, jetzt ist es passiert. Spät, aber doch. Und so hell da unten, so rosig. Über die Reichen kann man sich schon wundern.

Im Grunde wollen die Kirche und der Kommunismus fast dasselbe. Der Arme muss unterstützt werden. Der Kommunismus ist gescheitert am Individuum. Die Bonzen, das weiß man eh alles. Aber die Grundidee ist gut. Warum soll es nicht für jeden etwas geben, meinetwegen ein kleines Auto oder eine Wohnung. Mehr braucht man nicht.

Die Grünen gehen ja in diese Richtung mit ihren Sandalen. Österreich ist ja ein begünstigtes Umweltland. Wir könnten mit unserer Energieversorgung unabhängig werden. In Lockenhaus zum Beispiel gibt es ein gewaltiges Holzvorkommen. Eine grüne Bewegung wäre wahnsinnig wichtig für die Jugend. Die Grünen agieren mir aber momentan zu homöopathisch.

Und jetzt hat jede Partei ihr grünes Programm. Ich kann schon gar nicht mehr unterscheiden, wer wer ist. Sind das die oder sind das die anderen. Man hat sich thematisch nivelliert. Bis auf die FPÖ, die hat sich extrahiert wie ein, sagen wir mal, wie ein Gehirntumor. Ich weiß, wovon ich rede.

Und Kultur, wenn man den Blauen mit Kultur kommt, heißt es: Boah, Kultur! Für was brauchen wir das, Kultur! Schauts doch, die Ausländer, raus mit ihnen, die nehmen uns die Hackn weg. Jetzt sagst du denen: Mach sie doch selber, die Hackn, das Putzen, den Dreck wegräumen. Das will dann keiner. Gewisse Arbeiten will man gar nicht verrichten. Da ist man lieber arbeitslos und kassiert im Liegen. Ich weiß es vom Spital. Ich kann nicht sagen, dass man da viel nachdenkt über Einwanderungsprobleme, wenn man sich nicht allein waschen kann oder schwertut beim Aufstehen. Da ist es dir wurscht, ob das ein Ausländer oder ein Inländer ist, der dir hilft. Hauptsache, es ist überhaupt jemand da. Deswegen habe ich auch diese Pflegediskussion nicht ganz verstanden, mir ist persönlich nicht wichtig, ah, du bist ein Österreicher, und deswegen. Ich hab auch viele Österreicher gesehen, die sich furchtbar aufführen. Scheinheilig ist das.

Aber scheinheilig waren wir immer schon. Ja, ja, man hat sich's so gerichtet. Politik war früher anders, näher, amikaler. Das war die lustige Zeit, Figl und Körner, und komm her, trinken wir was, prost, und dann hat man sich halt vertragen.«

(Karlheinz Hackl hat ein politisches Vorbild: Bruno Kreisky, Österreichs Sonnengott.)

»Der Kreisky war in gewisser Weise unglaublich. Das war eine Persönlichkeit, unfassbar. Die Jungen wissen gar nicht mehr, wie der zum Beispiel angegriffen worden ist, weil er mit den Palästinensern geredet hat, als Erster und überhaupt. Und den Gaddafi hat er geküsst, das war ja alles unverständlich. Der Kreisky war halt wirklich noch ein Politiker von Format. Wie der an das Burgtheater gekommen ist und eine Rede gehalten hat, ich mein, ich hab ihn ja nur von hinten gesehen, da war er schon sehr krank. Aber da hast du geglaubt, Gott kommt herein.

Oder der Körner. Und der Renner mit dem schwarzen Anzug. Wenn du die gesehen hast: Ah! Beim Begräbnis vom Schärf, da war die ganze Ringstraße voll. Heute ist das nicht mehr so, diese Faszination. Seit Viktor Klima ist das anders.

Das ist wahrscheinlich auch der Punkt, warum die Politik für mich so eine große Rolle spielt. Einfach weil ich sehe, dass alles in eine falsche Richtung läuft. Aus dem Ruder. Dass Österreich das nicht verdient. Das ärgert mich. Unser Image ist schrecklich. Kampusch, Fritzl, na hawedere. Ein Volk von Schändern. Nur, das hat mit dem Amstettener Fall nichts zu tun, der hätte auch in Deutschland passieren können oder in Bulgarien oder meinetwegen in Lettland. Für mich ist das ein Einzelfall. Aber es war für viele Länder, das weiß man ja, eine Bestätigung. Dass es typischerweise dort passiert, weil in Österreich eh alle so sind. Oben die Alpen, ganz malerisch angezuckert, aber darunter brodelt es. Unter dem Vulkan fließt das Magma des Bösen.

Allerdings: Nach jedem Skandal fährt der Caterpillar durch und räumt den Dreck weg. Glykolskandal, wer sich daran erinnert, AKH-Skandal, BAWAG, Finanzministerium. Nach jeder Sauerei setzt eine gesunde Phase ein. Eine Katharsis.

Wir Insel der Seligen. Und Eiland des Trübsinns. Man meint, wir seien Besoffene, die nur beim Heurigen sitzen oder Walzer tanzen. Schnitzel geht noch, aber Thomas Bernhard, na ja, ist schon unangenehm. Handke, muss ich nicht haben, und ich bin auch kein Fan von der Jelinek, wirklich nicht. Weil ich finde, dass das nicht ihre Stärke ist, Theaterstücke. Aber gelegentlich haben die schon Texte geschrieben, die pipifein waren. Und dann kriegt die den Nobelpreis und man schimpft schon wieder auf sie. Das hat ja auch keinen Sinn.

Worauf es mir und der SKÖ ankommt, ist: Der Mensch steht im Vordergrund. In diesen materiell unsicheren Zeiten ist das Besinnen auf ideelle Werte immer wichtig. Kultur schafft Arbeitsplätze. Und der politische Alltag braucht mehr Hirn und Herz. Der Bauch, das Herz, die Gefühle haben mich immer mehr interessiert als das bloße Hirn. Künstlerisch bin ich eine Mischung aus Understatement und Überzeichnung. Was mich ausmacht, ist eine verzweifelte Intensität.

Politisch gesehen, das muss man auch einmal sagen, war ich bislang extrem erfolglos. Ein Furz in der Brandung. Ich habe die nötigen Stimmen nicht bekommen, weder um in Kärnten zu kandidieren und schon gar nicht bei den Nationalratswahlen. Die Leute, die mich gewählt hätten, habe ich gebeten, das Liberale Forum zu wählen. Die Heide Schmidt ist dann leider auch untergegangen, aber jetzt nicht wegen mir. Zwischen der SKÖ und dem LIF gab es vier große Parallelen: die Haltung zur Kultur, auch der gesellschaftlichen, das soziale Engagement, frauenpolitische Aspekte und das wirtschaftliche Konzept. Deshalb hab ich meine Wahlempfehlung abgegeben. Hat ihr nicht viel genützt, der Heide. Traurig war sie halt, zerknirscht. In dem Job gibt es mehr Verlierer als Gewinner. Damit muss man sich abfinden, und das muss man auch aushalten.

Ich weiß, dass ich nur eine politische Randerscheinung bin. Ich will aber auch nicht als der Republik-Kasperl dastehen. Ich gebe nicht auf. Nächstes Jahr, 2010, werde ich bei den Gemeinderatswahlen in Wien antreten. Vielleicht folgen mir ein paar Leute auf diesem Weg.«

(Karlheinz Hackl kann nicht aufhören zu arbeiten. Neuerdings betreibt er auch noch eine Künstleragentur mit Sitz in Nussdorf, am Rande Wiens.)

»Und im Mai werde ich sechzig, am sechzehnten. Ich lebe mein zweites Leben und kann nicht genug davon kriegen. Ich koste es aus, schmecke jeden Tag, jede Stunde, jede Sekunde. Ich bin dankbar für die Chance, die ich bekommen habe. Die Chance, meine Familie weiterhin zu sehen. Das Lachen meiner Kinder. Die Maria, wenn sie so schaut. Ich rege mich nicht auf, wenn es draußen regnet. Regen ist schön. So wie ein Sonnenaufgang schön ist. Jetzt wird er kitschig, können Sie sagen, und das stimmt. Ich steh auf Kitsch. Fragen Sie meine Frau.

Ich habe noch so viele Pläne. Gerade habe ich mein neues Büro bezogen. Am Nussdorfer Platzl, vis-à-vis vom Gasthaus Renner, wo sie diese riesigen T-Bone-Steaks haben, der Albtraum jedes Vegetariers, aber vom Feinsten. Vier Zentimeter hoher Fleischberg und butterweich. Muss ein ganzes Rindvieh draufgehen, eigentlich arm. Und die Leberknödel dort sind so groß wie Bowlingkugeln. Ich mag eigentlich keine Leberknödel, nur die Suppe. Oder ein Beuschel. Also, für ein gutes Beuschel renne ich bis nach Dornbirn. Na ja, vielleicht nicht von Nussdorf. Mein neues Büro ist im zweiten Stock, Altbau, gemietet. Man kann gut arbeiten. Ich mache dort eine Künstleragentur.

Es geht darum, gute Leute zu vermitteln. Für Auftritte, Konzerte, Lesungen und dergleichen. Ich hab mir gedacht, ich fang einmal mit mir an, das heißt, ich vermittle mich selber. Will mich jemand sehen, ruft er dort an und bestellt mich. Wie eine Pizza, einmal Hackl, aber bitte keinen Käs. So halt. Es kommen schon noch andere Künstler dazu, was ja der Sinn einer Vermittlungsagentur ist. Dass man die Auswahl hat. Ist ja nicht so, dass mich jeder sehen will. Die meisten haben meine Frau lieber.

Abgesehen von der Agentur möchte ich in Döbling kulturell was bewegen. Es drängt sich auf, dort was zu machen. Vielleicht ein Theater, vielleicht was Größeres. Ein Kulturcenter. Es ist ja nicht so, dass man den Bezirk automatisch mit Hochkultur verbindet. Schade eigentlich. Obwohl dort gleich in der Nähe, ums Eck von meinem Büro und rechts die Hackhofergasse hinauf, dort ist das Lehár-Schlössel. Franz Lehár hat dort gelebt und komponiert, der Schikaneder auch. Da ist ein Museum drinnen und eine kleine Kapelle. Hab dort auch schon eine Lesung gemacht.

Wo es mich in Döbling immer wieder hinzieht, ist die Hohe Warte. Der Vienna-Platz. Es ist irgendwie eine Reminiszenz an die guten alten Tag. Ich hab ja früher bei der Vienna gespielt. Jetzt haben sie mich ins Präsidium gewählt, das muss man sich einmal vorstellen. In den Vorstand. Kicken brauch ich nicht, nur reden. Da tu ich mir sowieso leichter.

Wahrscheinlich bin ich ein Getriebener. Beseelt und besessen von der Tat. Ich muss etwas tun, sage ich mir. Das fängt schon beim Frühstück an. Ich schlage dem Ei den Kopf ab, ich tue es bewusst. Ich löffle den Dotter heraus, ich kratze das Eiweiß aus der Schale, ich salze jeden Bissen, und ich tue es bewusst. Wenn ich mich anziehe, überlege ich nicht lange. Ich nehm irgendein Hemd, einen schwarzen Anzug und kleide mich an, ganz bewusst. Ich öffne die Tür, gehe aus dem Haus, durch den Garten, bis zum Tor. Ich steige in meinen Wagen und fahre los, nie falsch, immer bewusst in die richtige Richtung. Ich lebe.

Ich hoffe, ich hab Sie nicht zu lange belästigt.«

(Karlheinz Hackl schaut ins Publikum. Er steht auf, nimmt seine zwei Bücher und verbeugt sich.)

»Und jetzt gehe ich nach Hause und lebe weiter. Danke.«

Vorhang.

Der Applaus will nicht enden. Immer wieder holt das Publikum Karlheinz Hackl auf die Bühne zurück. Die Zuschauer klatschen im Stehen. Der Beifall gilt nicht nur seinem Spiel, sondern der Art, wie er sein Leben meistert. Bravo! Die Rufe verstummen nicht. Bravo!

Vor dieser Szenerie tritt beim Saaleingang, hinter den letzten Reihen, ein Mann vor eine Fernsehkamera. Sein Assistent wedelt ein paar Leute aus dem Bild, ein Licht geht an. Der Kulturkritiker der öffentlichen Fernsehanstalt blinzelt in die Linse. Irgendwas ist mit seinen Augen, man hat das Gefühl, er schaut ein bisschen am Objektiv vorbei.

»Guten Abend, meine Damen und Herren, Sie hören es am Applaus hinter mir, ich melde mich live von der Premiere *Karlheinz Hackl – Meine zwei Leben*. Es war ein Abend, wie ihn das Theater noch selten gesehen hat. Ein Schauspieler tritt auf die Bühne und ist auf einmal ein Mensch. In aller Eindringlichkeit erzählt er aus seiner Vergangenheit, offen, ehrlich, entwaffnend nahezu. Der Zuschauer spürt gleichsam den Sturm wie auch den Drang. Kulturkritisch gesehen, ist dieses Pandämonium exzellent ausgeführt, brillant inszeniert. Das Leiden wird zum Vergnügen. Passagen der Polemik mögen irritierend sein. Aber gerade wenn sie überhandnimmt, stoppt der Mime sie mit asketischer Dynamik. Er, der Schöngeist, wächst, plötzlich progressiv, zu einem Giganten der eigenen Demut. Aufgelöst wird das Rätsel Hackl durch, um nicht zu sagen in sich selbst. Wir sehen einen Könner in sorgfältiger Komödianz, aber ganz Grandseigneur, mit einer Bühnenpräsenz, die fast wehtut. Die brachiale Bosheit, die zwischen den Zeilen immer wieder aufblitzt, beleuchtet wie ein Stroboskop ein Stück Leben. Ein Stück Kulturgeschichte. Zusammengesetzt aus Myriaden von Splittern, die erst in ihrer Gesamtheit wieder ein Bild ergeben. Literarisch völlig bedeutungslos, aber in expressiver Introvertiertheit dargestellt. Ein kalorisches Kraftwerk an Ausdruck. Ein Traumfänger im frischen Wind. Die Begebenheiten sind fatalistisch eingepflegt und heldisch ummantelt. Zusammenfassend muss man sagen, ein fulminantes Stück. Mit einem Karlheinz Hackl in allen Charakteren, wie man ihn noch nie erlebt hat. Er hat geglaubt, mit seinem vorigen Programm *Ich, Hackl* die Rolle seines Lebens gefunden zu haben. Er hat sich geirrt. Hut ab vor dem Schauspieler Hackl. Hut ab vor dem Menschen. Chapeau. Es ist ihm viel gelungen in seinem Leben, es ist ihm eigentlich alles gelungen. Nur den Hamlet hat er halt nie gespielt.«

Bildnachweis

Burgtheater: S. 83

Contrast/picturedesk.com: S. 175 unten

Aemilian Feigl/Contrast/picturedesk.com: S. 173, 174 unten

Elisabeth Hausmann: S. 75 unten

Walter Henisch: S. 74 oben

Hubert Mican/First LOOK-FLO/picturedesk.com: S. 175 oben

Victor Mory: S. 77, 79, 81 unten

Foto Palffy: S. 74 unten, 75 oben, 76, 78, 80, 81 oben, 82, 84–87

Privat: S. 33–40, 73, 169, 170-172

ORF/Ali Schafler: S. 88

Alexander TUMA/Contrast/picturedesk.com: S.174 oben, 176

Besten Dank für die freundliche Genehmigung der Edition Giraffe das Lied »Der Vorstadtcasanova« (Musik und Text: Georg Danzer) abdrucken zu dürfen.